改訂版

相続コンサルタントのための

はじめての

遺言執行

相続コンサルタント　　弁護士
一橋 香織・木野 綾子／共著

JN026906

日本法令

はじめに

みなさん、こんにちは。

この本を手に取ったあなたは、「すでに相続の仕事をしているけれど、何か手応えがない」と感じていたり、あるいは「これから相続コンサルタントとして仕事をしていきたいけれど、何をサービスメニューに加えてよいかわからない」と考えていたりしているのではないでしょうか。

私たちは、相続コンサルタントあるいは法律専門家として、すでに数多くの相続案件を経験しているという立場から、これから相続コンサルタントとして活躍するみなさんには、ぜひ「遺言執行業務」をサービスメニューに加えていただきたいと思っています。

遺言執行業務は相続コンサルタントにとって重要な業務の一環となり、さまざまな社会問題を解決していく一助となるのではと考えているからです。

「遺言執行は士業以外でもできるなんて知らなかった」という人もいるかもしれません。

本書では、相続コンサルタント初心者の皆さんのために、なるべく具体的に実際の実務に即して解説をしています。

ではさっそく、なぜ相続コンサルタントにとって遺言執行業務が重要な業務の一環となるのかを見ていきましょう。

争族が増え続けている現状

明治政府により施行された旧民法下で定められた相続法では、「家督相続制度」により財産を承継してきました。

当時は戸主として全財産を相続する代わりに家族を扶養し、困る

ことがあれば助けるという、権利と義務が一体化していた状態のため、相続争いはほとんどなかったといえるでしょう。

家督を継いだ長男が隠居した両親の介護をし、あるいは他のきょうだいの養育までしてきたということです。

その後、「家督相続制度」は、日本国憲法の平等原則に反するとして、日本国憲法の施行（1947年5月3日）をもって廃止されました。そして、核家族化が進むにつれて家族の絆が弱まり、権利だけを主張することで「争族」が増えてきたのではないでしょうか。

親の介護をしている家族と、介護をせず、遠方に住んでいる家族がいたとしても、現民法下では介護は義務であり、寄与料として認められる金額は些少であるにもかかわらず、相続においては法定相続分となり不公平感を生んでいます。それに対して、親は「自分の子はみな仲がよく揉めるはずがない」という幻想を抱いていることも問題を深刻化させています。

最高裁判所の「司法統計年報 遺産分割金額別訴訟割合」（2021年度）によれば、遺産分割事件の76.7％は、遺産額が5,000万円以下となっています。

■ 遺産分割金額別の訴訟割合

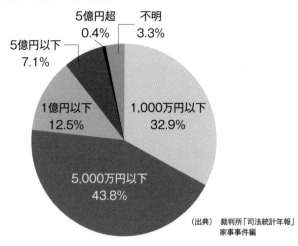

5億円超
0.4%

不明
3.3%

5億円以下
7.1%

1億円以下
12.5%

1,000万円以下
32.9%

5,000万円以下
43.8%

（出典）　裁判所「司法統計年報」
家事事件編

財産の大小が争いの真の原因ではないことが、この表からもわかると思います。

相続争いは相続財産の大小を問わず、平等意識から生まれてきたものであることを理解して相談に臨むことが大切です。

少子高齢化が加速した現状での問題点

国内における高齢化は急速に進んでいて、2060年には65歳以上の人の割合は全人口の40％近くに達するといわれています。

また、それに伴って認知症の数も年々増加しており、内閣府によると、2012年は認知症高齢者数が462万人で、65歳以上の高齢者の約7人に1人（有病率15.0％）でしたが、2025年には約5人に1人が認知症になると推定されています。

認知症だけではなく、平均余命が伸びるにつれ健康寿命が取りざたされるようになり認知症にならなくても何らかの病気を患うか身体の介護状態になる可能性も決して低くありません。

要介護や認知症となった場合、
・財産の管理は誰に任せるのか？
・相続人の一人が認知症になった場合の遺産分割はどうするのか？
・相続人がいない場合、誰に自分の財産を相続させるのか？
・高齢化した相続人に遺言の執行ができるのか？
など、少子高齢化がもたらす問題は深刻です。

さらに、次に説明する孤独死・孤立死の問題も少子高齢化と深く関わっています。

孤独死・孤立死が増えている現状

孤独死・孤立死という言葉をご存知でしょうか？

これも家族の形態が変わり、核家族化や少子高齢化が進んだことで社会問題となっていることの一つです。

■ 65歳以上の認知症患者の推定者と推定有病率

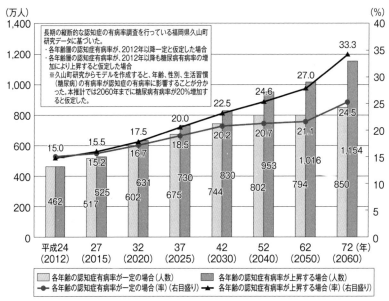

> 長期の縦断的な認知症の有病率調査を行っている福岡県久山町研究データに基づいた。
> ・各年齢層の認知症有病率が、2012年以降一定と仮定した場合
> ・各年齢層の認知症有病率が、2012年以降も糖尿病有病率の増加により上昇すると仮定した場合
> ※久山町研究からモデルを作成すると、年齢、性別、生活習慣（糖尿病）の有病率が認知症の有病率に影響することが分かった。本推計では2060年までに糖尿病有病率が20%増加すると仮定した。

（出典）「日本における認知症の高齢者人口の将来推計に関する研究」（平成26年度厚生労働科学研究費補助金特別研究事業 九州大学二宮教授）より内閣府作成

■ 健康寿命と平均寿命の推移

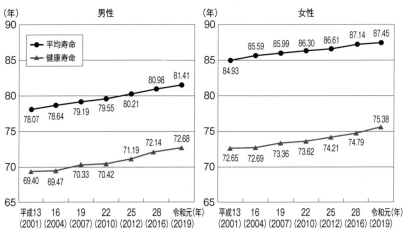

（出典）平均寿命：平成13・16・19・25・28年・令和元年は、厚生労働省「簡易生命表」、平成22年は「完全生命表」
　　　　健康寿命：厚生労働省「第16回健康日本21（第二次）推進専門委員会資料」

未婚率の増加と核家族化の影響を受けて、単独世帯（世帯主が一人の世帯）も増加しています。2040年には単独世帯の割合は約40％に達すると予測されており、このことが孤独死を増加させているといわれています。また、孤独死と孤立死は、言葉は似ていますが、実は意味が違います。

　孤独死というのは、家族や友人など誰にも気づかれることなく一人で死んでいくことです。生涯独身や子どものいない夫婦、子どもがいても遠方に住んでいて配偶者が亡くなっているケースなどが孤独死に陥りやすいとされています。

　一方で、孤立死は一人で亡くなったかどうかではなく、社会的に孤立した状態で亡くなり、死後発見されることです。

　例えば、引きこもりの家族がいる場合に地域から孤立し、両親と引きこもりの家族がともども孤立死することもあるかもしれません。特に配偶者を亡くした男性や引きこもりやニートの人が両親を亡くすと孤立死に陥りやすいとされています。

　2022年の年間の死亡者数は約158万人（厚生労働省「人口動態統計：2022年度速報」）で、国民のおよそ50人に1人が孤独死もしくは孤立死しているというデータもあります。特に男性は発見されにくく、遺体発見までの平均日数は、男性は23日、女性は7日ということです。

　いずれにしても、死亡してから発見されるまでにある一定の時間が経過することが多く、発見された時には悲惨な状態になっていると想像できます。

　こういった背景から、今後は相続対策として公正証書遺言を遺すだけではなく、誰がその遺言を執行するのか、また認知症や高齢になった時の財産管理はどうするのか、相続人がいない場合の死後の手続きは誰が行うのかなど、問題は多種多様化しています。

■ 単独世帯と高齢世帯の割合

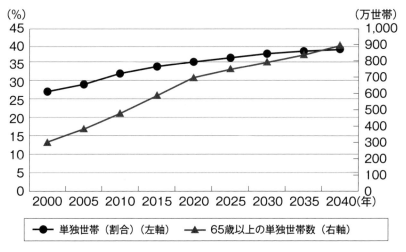

（出典）　2015年まで総務省統計局「国勢調査」、2020年以降は国立社会保障・人口問題研究所「日本の世帯数の将来推計（全国推計）2018（平成30）年推計」（2018年）

　相続に携わる仕事をする以上、「遺言を作成したい」「家族が困らないようにしておきたい」「揉めないようにするにはどうしたらよいか」など、さまざまな相談を受けることがあると思います。

　日本公証人連合会の報告によると、公正証書遺言を作成する人もコロナ禍で一時減ったものの、令和4年度は11万1,977件になっており、令和3年度の自筆証書遺言の検認数は1万9,576件です。

■ 遺言公正証書作成件数

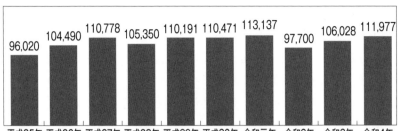

	平成25年	平成26年	平成27年	平成28年	平成29年	平成30年	令和元年 (平成31年)	令和2年	令和3年	令和4年
件数	96,020	104,490	110,778	105,350	110,191	110,471	113,137	97,700	106,028	111,977

（出典）　日本公証人連合会「令和4年　遺言公正証書の作成件数について」

　この数字が多いか少ないかは別として、相続対策に対する関心が高まっていることは確かでしょう。

　遺言を書く理由も、日本財団の調査によると、相続対策を理由に挙げる人がほとんどです。

■ 遺言書作成の理由（複数回答）

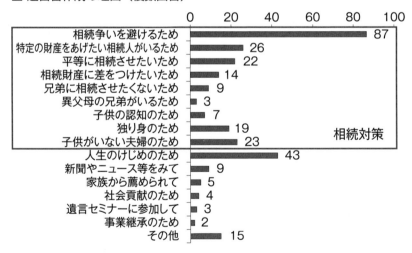

理由	値
相続争いを避けるため	87
特定の財産をあげたい相続人がいるため	26
平等に相続させたいため	22
相続財産に差をつけたいため	14
兄弟に相続させたくないため	9
異父母の兄弟がいるため	3
子供の認知のため	7
独り身のため	19
子供がいない夫婦のため	23
人生のけじめのため	43
新聞やニュース等をみて	9
家族から薦められて	5
社会貢献のため	4
遺言セミナーに参加して	3
事業継承のため	2
その他	15

（調査対象）　遺言書を作成している日本全国40歳以上の男女
（出典）　日本財団「遺言書に関する調査」（2016年12月6日）

相続コンサルタントと遺言執行業務

　このように、

「法律や人々の意識の変化によって争族が増え続けている」

「少子高齢化が加速して、親が亡くなる時には子どもも高齢者になっており、問題解決をしてくれる子孫もいない」

「子どもの有無にかかわらず、誰もに『孤独死・孤立死』のリスクがある」

という時代がやってくるからこそ、相続や終活に詳しい専門家のニーズは高まる一方だといえます。

　そして、相続対策の代表的な手段である遺言書が「亡くなった後の財産の分け方の設計図」だとすれば、「遺言者の代わりに確実にその設計図を形にして実現してくれる遺言執行者」の存在は欠くことができません。

「遺言書だけでは『絵に描いた餅』であり、安心できない」

「遺言書の実現は、家族をあてにするよりも、相続の専門家に頼めばよい」

と考える人も多くなってきました。

　そう、遺言執行者は、まさに相続コンサルタントにふさわしい役割なのです。

相続コンサルタント

　昨今では相続コンサルタントと名乗る専門家も増え、相続ビジネスに参入する人も多くなりました。「相続コンサルタント」は、きちんとした定義や資格があるわけではないため、顧客からは「何をしてくれる人なのかわかりにくい」という声も聞かれます。

　相続・終活系の資格も、一般社団法人相続診断協会の報告によると、15種類以上にものぼります。

　ただ、資格は取得しただけでは意味がありません。「正しい知識」

と「それを活かせる環境」を整備して、実務に役立て、社会に「相続コンサルタント」を認知してもらう必要があります。

著者の一人である一橋香織は、相続診断士などの資格を持つ相続コンサルタントであって、士業ではありませんが、年間40件以上遺言の証人の立会いをし、その7割は遺言執行者の指名を受けています。

遺言執行者として受任の際は弁護士・司法書士・行政書士と共同受任することが多く、もう一人の著者である木野綾子弁護士との共同受任も多数あります。

士業や他業種と共同受任することのメリットは、本文で事例を交えながら詳しく述べたいと思いますが、いろいろな業種の人が入り交じって活躍する相続・終活業界だからこそ、一方でマナー違反やコンプライアンス違反の事例も耳に入ってきます。

本書では、遺言執行者として法的にやらなければならないことや、士業ではない相続コンサルタントがやってはいけないことについても触れています。

また、相続コンサルタントとして遺言コンサルティングを含む相続業務に従事する人にとって、本書が単に知識を得るためだけにとどまらず、実務での手引書となるよう、第8章には「ミチオ君」という架空の新米相続コンサルタントを登場させて、業務日誌や対話形式で遺言執行の流れを再現しています。「難しい話はさっぱり頭に入ってこない」という人は、ぜひこの章から読んでみてください。ミチオ君は、一橋香織主宰の私塾「笑顔相続道」の受講生をイメージモデルにしています。

また、本書は「遺言執行」という名の付く類書とは異なり、法的・専門的・学術的な説明を網羅的に書いたものではありません。みなさんが最もよく遭遇すると思われる「遺産は不動産と金融資産だけ」

という遺言者を想定して、できるだけシンプルかつスムーズに遺言執行業務を進めるにはどうしたらよいか、という観点に絞って書いています。

　そして、類書ではほとんど触れられることのない「受任の方法」や「報酬の取り方」といったデリケートなテーマについても説明しています。初心者の相続コンサルタントにとって、「知識」と「経験」との間には「いかにして受任するか」という重要な壁が立ちはだかっていますし、ボランティアではなく、相続コンサルタントとして生計を立てて社会の役に立つには「どうやってマネタイズするか」も避けては通れません。これらがネックになって「相続コンサルタントとして開業するのに躊躇してしまう」という人も多いのです。

　ぜひ、本書をテキストとして実務に役立て、1件でも多くの遺言執行を執り行うことで笑顔相続を広げるお手伝いをしていただければ幸いです。

　　令和5年11月

相続コンサルタント　一橋　香織
弁護士　木野　綾子

目　次

第2章　遺言作成時に遺言執行者に指定してもらう提案方法

第3章　遺言執行業務の手順

第4章　他業種と相続コンサルタントの連携

第5章 相続コンサルタントが守るべきコンプライアンス

第6章 遺言執行者が巻き込まれがちなトラブル

第7章　死後事務委任契約の活用
～遺言執行業務の範囲外の事項への対応～

第8章 新人相続コンサルタント ミチオの遺言執行業務日誌 ～実践・はじめての遺言執行～

第1章

相続コンサルタントのための遺言執行者の基礎知識

1 遺言執行者とは

「遺言執行者」とは、文字どおり「遺言を執行する者」です。

法的には、「遺言執行者は、遺言の内容を実現するため、相続財産の管理その他遺言の執行に必要な一切の行為をする権利義務を有する」と定められています（民法1012①）。

また、遺言執行者が職務としてした行為は、相続人に対して直接効力が生じます（民法1015）。

このように、遺言執行者は、特定の相続人や受遺者の味方をするのではなく、あくまで亡くなった人の遺言の内容（遺言者の真実の意思）を実現することをミッションとしています。

2 遺言執行者の存在意義

遺言者が妻や子どもなどの相続人のために、せっかく遺言書を書いておいても、それだけではただの紙切れに過ぎません。遺言者が亡くなった後に誰かがその内容を実現する行動を起こさなければ、遺言者の想いは実現されないのです。

遺言執行者はまさにその役割を担っており、一部の相続人の思惑や遺言書の紛失など何らかの事情によって、「遺言がそのとおりに実現されない」という事態を防ぐために存在しているといってもよいでしょう。

また、相続人にとっても、大切な人の死や葬儀の手配などで心身ともに疲労している時期に、戸籍を揃えたり、金融機関や法務局に

行ったり、専門家を探したりするという事務を代行してくれる遺言執行者の存在はありがたいものです。

　遺言執行者については、令和元年7月1日施行の民法改正で権限が明確化されたといわれており、遺言執行者への追い風となっています。

遺言執行者がいないと……

- 誰にも遺言書が発見されなかった。
- 相続人の1人が遺言書を見つけたが、自分に不利な内容だったので誰にも見せなかった。
- 相続人が多忙又は海外に住んでいるため、相続手続きのために市役所や銀行の窓口に行くことができない。
- 遺産のリストアップなど、相続全体の指揮を執る人がいない。
- 遺言の内容を実現することを妨害する相続人が現れた。

3 遺言執行者でなければ 執行できない事項

1 遺言によって廃除やその取消しを行う場合

(1) 廃　　除

　廃除とは、遺留分を有する相続人に次のいずれかの事由があったときに、家庭裁判所に申立てをして、その相続人から相続権（遺留分に関する権利を含む）を奪うことを指します。

- 遺言者を虐待した（暴力、遺棄など）
- 遺言者に重大な侮辱を加えた（暴言、名誉毀損など）
- その他著しい非行（犯罪行為、多額の借金をして遺言者に肩代わりしてもらった、配偶者である遺言者をかえりみず愛人宅で暮らしていた、など）

　生前にすることもできますし、遺言によってすることもできます。

　遺言書に記載する場合の条項は、次のとおりです。廃除事由に当たる具体的事実を記載する必要があります。

> 第○条　遺言者の長女○○は、△△△であるから、遺言者は長女○○を相続人から廃除する。

(2) 廃除の取消し

　廃除の取消しとは、一度行った廃除をなかったことにするものです。廃除の取消しは、特に理由がなくてもすることができます。

　遺言書に記載する場合の条項は、次のとおりです。

第〇条　遺言者は、長男△△に対する〇年〇月〇日付け推定相続人の廃除（〇〇家庭裁判所△△支部令和□年（家）第□□号）を取り消す。

COLUMN
廃除と相続放棄と代襲相続

　相続コンサルタントなら、「廃除」「相続放棄」「代襲相続」について、一度は勉強したことがあるでしょう。

　では、父親に何度も借金を肩代わりさせたうえ、暴行を加えて廃除された長男・Ａ男と、「うちはお金に困っていないから……」と父親の死後に相続放棄をした次男・Ｂ男がいたとして、それぞれの子どもたちは代襲相続人となるのでしょうか？

　答えは「廃除されたＡ男の子ども達は代襲相続人となるが、相続放棄をしたＢ男の子ども達は代襲相続人にはならない」です。

　一見すると、被相続人に対して悪いことをしたＡ男の子どもたちが代襲相続できるのに、慎ましく遠慮したＢ男の子どもたちが代襲相続できないのはおかしいようにも思えますね。

　間違えやすいところなので、覚えておきましょう。

② 遺言によって認知を行う場合

　ここでいう認知とは、結婚していない男女の間に生まれた子どもを父親が自分の子どもだと認めることを指します（民法781②）。

　認知の方法としては、①父親が生前に認知届を提出、②認知の調停・訴訟、③遺言、という3種類があります。遺言書に記載する場

合の条項は次のとおりです。

第〇条　遺言者は、□□（〇年〇月〇日生・本籍△△）を認知
する。

---

4 その他の執行対象事項

1 遺　　贈

遺贈は、遺言によって遺産を贈与する（無償で譲り渡す）ことを
指します。

遺贈の相手は、相続人であってもなくてもかまいません。もっと
も、相続人に対しては、後記**2**の遺産分割方法の指定をすることが
多く、一般的には遺贈は相続人以外の人になされるものと考えてよ
いでしょう。

- 包括遺贈……遺産の全部又は一部の割合を示して遺贈対象とする
  こと。全部が遺贈対象の場合は、遺言執行者が権利承継の手続き
  を行います。遺産の一部の割合を示して遺贈対象とされた場合は、
  相続人と包括受遺者との間で遺産分割協議が行われるまでの財産
  管理が遺言執行者の職務範囲となります。
- 特定遺贈……具体的な財産を示して遺贈対象とすること。遺言執
  行者が権利承継の手続きを行います。
- 負担付き遺贈……受遺者がペットの飼育や障がいのある子どもの
  扶養などを負担することを条件に遺贈すること。受遺者がその負
  担を履行しない場合、遺言執行者や相続人は、相当な期間を定め

て履行するよう催告し、それでも履行しない場合には、家庭裁判所にその負担付き遺贈に関する遺言の取消しを求めることができます。

遺言者にとっては心強いのですが、遺言執行者にとっては職務が長期間にわたって続くこともあり得ます。遺言書作成段階から、具体的にどのような方法で執行・監督するのかや、その場合の報酬算定の仕方もきちんと打ち合わせておくべきでしょう。

場合によっては、負担付き遺贈ということではなく、負担に当たる部分を付言事項に譲ったほうが、遺言者の気持ちに合っているケースもあると思います。

② 遺産分割方法の指定とその委託

(1) 遺産分割方法の指定

遺産分割方法の指定は、相続人に対してなされるものです。

① 現物分割

第○条　遺言者は、遺言者の有する下記の不動産を遺言者の甥Aに相続させる。

(不動産の記載略)

---

② 代償分割

第○条　遺言者は、遺言者の有する全遺産を長男Aに相続させる。

　　2　長男Aは、前項の遺産を取得する代償として、長女Bに対し、2000万円を支払う。

---

③ 換価分割

第○条 遺言者は、遺言者の有する下記不動産を売却処分し、その代金から、媒介手数料、測量費用、登記費用等の本条項を執行するために必要な諸費用を控除した残金を、遺言者の妻である△△に相続させる。

（不動産の記載略）

（注） この場合に不動産を売却するのは遺言執行者になります。

④ 共有分割

第○条 遺言者は、下記不動産を、遺言者の妻である○○と遺言者の次女である△△に各２分の１の割合で相続させる。

（不動産の記載略）

(2) 遺産分割方法の指定の委託

遺言者は、遺産をどのように分割するかということを遺言執行者その他の者に委託することができます。

相続人が若年であるなど、遺言書作成時点では誰にどの遺産をどのくらい相続させるべきか決めがたい場合などに、遺言者が亡くなった時点で最も適切な人物に適切な遺産を渡すことができるよう、信頼できる人物に一任するという方法です。

第○条 遺言者は、遺言者の有する株式会社○○の株式全部について、その分割方法を定めることを遺言執行者に委託する。

③ 祭祀承継者の指定

祭祀承継者というのは、祭祀財産（系譜、祭具及び墳墓等）を承継する者を指しています。

- 系譜……いわゆる先祖代々の家系図のこと。
- 祭具……仏壇、位牌、神棚、十字架等のこと。
- 墳墓……墓石、墓碑、墓地（所有権又は使用権）等のこと。

遺言で祭祀承継者の指定がなされた場合、指定された人がこれらの財産を遺言者から引き継ぐことになります。

COLUMN
遺骨は遺産分割の対象になる？

亡くなった人を偲んで、親族が集まって法要やお墓参りをするのは当たり前……と思いきや、中には遺骨を親族で奪い合うというケースも。話し合いがつかない場合には、遺産分割調停を申し立てればよいのでしょうか？

でも、遺骨を不動産や預貯金と並べて遺産目録に書くのは違和感がありますよね。

実は、遺骨は遺産分割の対象となる遺産ではなく、祭祀承継者指定調停・審判の対象となる祭祀財産の一種だと考えられています。分骨するなどの解決方法もありますが、亡くなった人のためにも、できるだけ皆で円満に供養していきたいものです。

---

5 遺言執行が必要のない事項（主なもの）

　以下の事項は、遺言で定めることはできますが、相続開始と同時に実現されると考えられるため、遺言執行として何らかの行為をする必要はないとされています。

① 　相続分の指定
② 　特別受益の持戻しの免除
③ 　遺産分割の禁止

6 遺言執行者の職務

■ 遺言執行者の職務

　前述したとおり、「遺言執行者は、遺言の内容を実現するため、相続財産の管理その他遺言の執行に必要な一切の行為をする権利義務を有する」（民法 1012）と定められています。

　詳しくは第3章で述べますが、おおまかに言うと次のようなものがあります。

① 　遺言書の確認（公正証書遺言以外の方式の遺言書の場合には、家庭裁判所での検認を経る必要があります）
② 　戸籍の取寄せと相続人の確定
③ 　就任又は辞退の通知
④ 　遺言内容の通知

⑤　遺産目録の作成・交付

⑥　遺言内容に従った遺産の具体的な分配

⑦　職務終了の通知

2　遺言執行者と相続人の関係

　遺言執行者と相続人の関係は、委任契約における委任者（相続人）と受任者（遺言執行者）の関係と同様となります（民法 1012 ③）。

　具体的には、次のようなものです。

①　遺言執行者として通常期待される水準の能力を発揮して誠実に職務を行う義務（善良な管理者の注意義務、民法 644 参照）

②　相続人の求めに応じて、いつでも職務の状況を報告する義務（民法 645 参照）

③　職務終了後に遅滞なくその経過及び結果を報告する義務（民法 645 参照）

④　職務遂行に当たって得た金品や債権がある場合には、遺言書の内容に従って相続人に引き渡す義務（民法 646 参照）

⑤　職務遂行に当たって支出した実費がある場合には、相続人に請求することができる（民法 650 参照）

○よくある質問

Q1

　遺言執行者に就任したら、職務すべてを１人でやらなければならないのでしょうか。

A　遺言執行者は、専門家や助手などに職務を手伝ってもらう（履行補助者に頼む）ことができます。その費用を遺言執行者への

本来の報酬の中から出すのか、あるいは別途実費として遺産の中から出すのかについては、23 ページで紹介する遺言執行報酬確認書に定めておくことが望ましいといえます。

Q2

手伝ってもらうのではなく、遺言執行者の職務すべてを他人にお願いすることはできますか。

Ⓐ 遺言執行者の職務すべてを他人にお願いすること（復委任をする）もできます（民法 1016 ①本文）。ただし、遺言書の中でそのようなことを禁じる条項がある場合にはできません。本来は、遺言者から指名された遺言執行者自身がその職務を行うことが望ましいのですが、例えば遺言者が亡くなった時点で既に遺言執行者も高齢になっているようなケースでは、無理をせず他の人にお願いするほうが相続人や受遺者にとっても良い結果となると考えられます。

7 遺言執行者になる方法

１ 遺言による遺言執行者等の指定

(1) 遺言執行者が指定されている場合

遺言書を作成する段階で遺言者と遺言執行者候補者とが話し合っ

て、遺言書の中に遺言執行者指定条項を記載するという方法があります。

　以下の例では、相続コンサルタントを遺言執行者に指定しています。

第〇条　遺言者は、本遺言の遺言執行者として、次の者を指定する。

東京都〇〇区〇〇町　1－4－7

相続コンサルタント（会社役員）

〇〇　〇〇（昭和〇年〇月〇日生）

2　上記遺言執行者は、この遺言に基づく不動産に関する登記手続き並びに預貯金等の金融資産の名義変更、解約、払戻し、払戻金の受領及び貸金庫の開扉・解約その他この遺言の執行に必要な一切の行為をする権限を有する。なお、必要に応じて第三者にその任務を行わせることができる。

第〇条　遺言執行者に対する報酬は、遺言執行対象財産の〇パーセントに〇万円を加算した金額とし、遺言執行に要した実費の負担については、令和〇年〇月〇日付け遺言執行報酬確認書によるものとする。

---

(2)　遺言執行者を指定する人が指定されている場合

　遺言書を作成する段階で、遺言者が適切な遺言執行者を思い当たらない場合、「遺言執行者を指定する人」を指定することができます。

　例えば、遺言書に次のような条項を入れることになります。

> 第〇条　遺言者は、本遺言の遺言執行者の指定を次の者に委託する。
>
> 　　　　　大阪市〇〇区〇〇町　２−５−８
> 　　　　　相続コンサルタント（会社役員）
> 　　　　　　〇〇　〇〇（昭和〇年〇月〇日生）

(3)　相続開始後の遺言執行者選任審判

　遺言書の中で遺言執行者が指定されていないとか、指定されていた者が死亡や就任辞退などで遺言執行者がいない場合、家庭裁判所に遺言執行者選任審判の申立てをして遺言執行者をつけることもできます（民法1010）。

　その場合には、遺言者の最後の住所地を管轄する家庭裁判所に対して、利害関係人（相続人、受遺者、相続債務の債権者等）が申立てを行います。

　その際、申立書に「遺言執行者の候補者」として特定の人を記載することができます。遺言執行者には、未成年者と破産者以外の人なら誰でもなることができますので、相続人や遺贈を受けた者の名前を記載することもできますし、第三者である専門家や相続コンサルタントの名前を書くこともできます。

　家庭裁判所は提出された資料（申立てがなされた事情や遺産の内容など）や候補者自身の意見を参考にした上で、遺言執行者を選任する審判を下し、申立人と遺言執行者に審判書が送付されます。

　このように、相続開始後に遺言執行者選任の手続きをするのは結構面倒なものです。遺言書作成の段階から、遺言執行者の同意をとっておくことや、病気や死亡などに備えて複数の者を指定しておくこと、場合によっては法人を指定しておくことなどの配慮が望まれま

す。

○よくある質問

Q1

　遺言者が亡くなるより先に遺言執行者が亡くなってしまった場合、誰が遺言執行者になるのですか。

A　その場合には遺言執行者がいない（指定されていない）状態になるので、遺言執行者が必要であれば家庭裁判所に遺言執行者選任審判の申立てをすることができます。

　このようなことができるだけ起こらないように、遺言書で遺言執行者を指定する場合は遺言者より少なくとも10歳以上若い世代の人を遺言執行者に指定しておくべきでしょう。

　また、予備の遺言執行者を指定しておくこともできます。その場合には、遺言書の中に次のような条項を入れるとよいでしょう。

第○条　遺言者は、本遺言の遺言執行者として、次の者を指定する。
　　　　東京都○○区○○町　1-4-7
　　　　　相続コンサルタント（会社役員）
　　　　　○○　○○（昭和○年○月○日生）
　2　前項の者が遺言者より先に死亡している場合には、本遺言の遺言執行者として、次の者を指定する。
　　　　東京都△△区△△町　3-6-9
　　　　　株式会社スマイルコンサルティング
　　　　　代表取締役　△△　△△

Q2

　遺言執行者に指定された者が、いざとなったら就任を拒否するのではないかと心配です。どうしたらよいでしょうか。

A　遺言執行者に指定される人には、あらかじめ遺言者が話をして承諾を得ておくことが望ましいのですが、それでも遺言執行者自身の高齢化や海外転勤などで、いざ遺言者が亡くなった時点で就任を辞退することも考えられます。このような場合に備えるには、遺言書の中に次のような条項を入れるとよいでしょう。

> 第○条　遺言者は、本遺言の遺言執行者として、遺言者の長女○○を指定する。
> 　2　前項の者が遺言執行者への就任を辞退した場合には、本遺言の遺言執行者として、次の者を指定する。
> 　　東京都○○区○○町　1－4－7
> 　　行政書士　　○○　　○○（昭和○年○月○日生）

Q3

　遺言書がない場合にも遺産の名義変更などをしてもらうために遺言執行者をつけることはできますか。

A　できません。遺言執行者が必要となるのは、故人が法的に有効な遺言書を残して亡くなった場合のみです。執行すべき遺言書がない場合には、遺言執行者をつけることはできません。

Q4

　遺言書の中で遺言執行者等が指定されていませんでした。家庭裁判所に遺言執行者選任を申し立てるのは面倒なので、知り合いの司法書士に事実上の遺言執行をお願いしたいのですが、大丈夫でしょうか。

A　法的な意味での遺言執行者ではありませんが、遺言書の内容の実現のために相続人や受遺者がそれぞれの判断で専門家に依頼することはできます。例えば、戸籍の取寄せや金融機関での預貯金の解約払戻しの手続きを手伝ってもらったりするなどです。

8　遺言執行者に資格は必要か

　遺言執行者になるには、弁護士や司法書士や行政書士など特別の資格は必要ありません。次の者を除き、誰でもなることができます。
- 未成年者（令和4年4月1日以降は18歳未満となったことに注意）
- 破産者

○よくある質問

Q1

　遺言者が亡くなった時点で、遺言執行者が高齢で認知症になってしまっています。それでも遺言執行者になれますか。成年後見人がついている場合はどうですか。

A 認知症やその他の病気・ケガのために、遺言執行者に十分な意思能力がなく、就任の承諾又は辞退の意思表示すらできないというケースもあり得ます（注：意思能力のない場合は、意思表示などの法律行為を有効に行うことができません）。その場合、相続人や受遺者は、遺言書で指定されている遺言執行者に就任するか否かを問う正式な催告をせずに（正式な催告をしてから一定期間内に返答がないと、法的には就任を承諾したものとみなされてしまうため。民法1008）、「遺言執行者がないとき」に該当するとして家庭裁判所に遺言執行者選任の申立てをすることができる（民法1010）と考えられます。

　遺言執行者に成年後見人がついている場合、成年後見人は遺言執行者への就任の諾否を本人に代わってすることはできません。成年後見人の職務は本人の財産管理やそれに関する法律行為を代理できるにとどまり、遺言執行者就任の諾否や、会社役員・従業員としての職務、遺言書の作成など、本人に専属する権利義務（一身専属権）を行う権限はないためです。

Q2
法人を遺言執行者に指定することができますか。

A できます。株式会社や一般社団法人、弁護士法人なども遺言執行者に指定することができます。遺言書作成時の担当者がすでに転勤したり退職したりしていても、法人自体が存続している限り、遺言執行者としての業務を行うことになりますので、遺言者としては安心といえます。

Q3

複数人で遺言執行者になることはできますか。

Ａ　できます。その場合、遺言執行者間で年齢の開きがあると、
1人（年長者）が亡くなっても残りの者で遺言執行をすること
ができます。また、相続コンサルタント（全体の指揮や相続人
とのコミュニケーション対応等を担当）と士業（書面作成や登
記等を担当）など役割の違いがあると便利です。

Q4

遺言執行者が複数いる場合には、何でも連名でやらなけれ
ばならないのでしょうか。

Ａ　遺言執行者が複数いる場合には、原則として、その過半数の
意見に従って職務が行われることになります（民法 1017 ①本
文）。ただし、遺言書の中で遺言者が特別の定めをしておけば、
そのようなことはありません。

　各自が独立して職務を行うことができるようにするには、次
のような規定を定めておくとよいでしょう。

> 第○条　各遺言執行者は、単独でその職務を遂行することが
> 　　　　できる。

Q5

遺言者の長男と相続コンサルタントの2名が遺言執行者に
指定されています。2人の間で、遺言執行業務について意見
が分かれたりして、やりにくい点が出てくるのではないかと
心配です。

A **Q4** のように各自が単独で執行することができる旨を書いておいたとしても、各自が他の遺言執行者と対立するような行為をすると混乱をもたらします。法的には、遺言執行者が複数いる場合、遺言書に特に定められていなければ、過半数の者の意見が通ることになりますが、遺言執行者が偶数人の場合には両すくみ状態になってしまいます。遺言執行者間の主従を明確にしたり、あるいは執行対象を分けたりする場合には、それも遺言書に書いておくべきでしょう。

(1) 主従を明確にする場合

> 第〇条　遺言執行に当たっては、〇〇を代表者とし、他の遺言執行者はその意見に従うものとする。

(2) 執行対象を分ける場合

> 第〇条　遺言者は、遺言執行者らの執行対象職務を次の通り定める。
> ① 遺言執行者△△　第〇条に関する遺言執行
> ② 遺言執行者□□　上記①以外のすべてに関する遺言執行
>
> 第〇条　遺言者は、遺言執行者らの執行対象職務を次のとおり定める。
> ① 遺言執行者△△　相続人〇〇に関する廃除請求の職務
> ② 遺言執行者□□　上記①以外のすべてに関する遺言執行

9 遺言執行者の報酬

遺言執行者の報酬については、遺言書で定めることもできますし、定めがない場合には、家庭裁判所に「遺言執行報酬付与審判申立て」を行うこともできます。

① 遺言書で定める場合

遺言書で定める場合には、次のような定め方がよく用いられています。

(1) 定額で定める

> 第〇条　遺言執行者の報酬を〇万円と定める。

(2) 割合で定める

> 第〇条　遺言執行者の報酬を遺産総額の〇パーセントと定める。

> 第〇条　遺言執行者の報酬を遺言執行対象遺産の〇パーセントと定める。

(3) 別の規程を引用する

① 別途書面を交わす場合

> 第○条　遺言執行者の報酬は、○年○月○日付け遺言執行報酬
> 　　　確認書による。

　このような条項を定める場合には、引用されている書面（上記の例では「遺言執行報酬確認書」）を必ず作成して遺言者に署名押印をもらい、遺言書と一緒に保管しておくようにしてください。

　また、遺言書作成から遺言者が実際に亡くなるまでの間に十数年以上経過することもよくあります。その間に万が一この書面を紛失した場合に備えて、上記(1)、(2)のような報酬の大枠は遺言書に記載し、実費の支払時期や日当発生の有無などの細則のみ別途書面に委ねるほうが確実です。

●遺言執行報酬確認書の例

遺言執行報酬確認書

　甲作成の令和　　年　　月　　日付遺言書における遺言執行者乙の遺言執行報酬について、次のとおり合意したことを確認する。

1．乙が本件委任事務の処理について甲より受ける報酬は次のとおりとする。

　① 基本報酬〇万円（消費税別）＋引渡し時の財産の価額に〇％を乗じた額とする（消費税別）。

　② 契約第3条第1項第5号の規定に基づいて承継対象財産の処分をしたときは、前号のほか売却代金の1パーセント以内（消費税別）を受領することができる。

　③ 乙が本件委任事務処理のため半日以上を要する出張をしたときは、日当として半日の場合〇万円以内、1日の場合〇万円以内（いずれも消費税別）を受領することができる。

2．前項第1号の報酬は、財産引渡し時に支払いを受けるものとし、前項第2号の報酬は処分の都度支払いを受けるものとする。ただし、乙は、承継対象財産の中から支払いを受けることができる。

3．乙は、甲より、本件遺言執行者を定めた遺言書作成後、本

契約締結と同時に報酬の一部を着手金として受け取ることができる。ただし、その金額は〇万円とする。乙が、第1条の報酬の請求をする際に、当該着手金を控除するものとする。

4．本件遺言執行の内容が、預貯金解約事務等簡易なものであるときは、1の①の規定にかかわらず、一手続当たり〇万円（消費税別）とすることができる。

5．乙は、甲に対し、報酬とは別に、税理士による相続税の申告報酬、司法書士による不動産の名義書換報酬、登録免許税、収入印紙代、郵便切手代、謄写代、交通費、通信費、宿泊料、保証金、供託金、その他遺言執行に要する実費等の負担を求めることができる。

令和　　年　　月　　日

　　遺言者（甲）　　住所
　　　　　　　　　　氏名＿＿＿＿＿＿＿＿＿＿＿＿＿＿＿＿

遺言執行者（乙）　　住所
　　　　　　　　　　氏名＿＿＿＿＿＿＿＿＿＿＿＿＿＿＿＿

② 遺言執行者が経営する事務所や所属する法人の報酬規程を用いる場合

> 第○条　遺言執行者の報酬は、別途定める○○株式会社の遺言
> 　　　執行報酬規程による。

　このような条項は、複雑な算定式で報酬を定める場合や、財産の金額によって段階的に割合が変わるなどの場合には、それらすべてを遺言書に文章で記載する必要がないので簡便です。

　とはいえ、遺言者が具体的にどのような内容を了解したのかが客観的に明らかではありませんし、後日その報酬規程が一方的に変更されてしまうこともあり得るため、あまり望ましくありません。

　できるだけ上記①のような形をとることが望ましいといえます。

② 家庭裁判所に「遺言執行報酬付与審判申立て」を行う場合

　遺言書で遺言執行者に指定されたものの、遺言書に報酬の定めがない場合や、家庭裁判所から遺言執行者に選任された場合に、遺言執行者は家庭裁判所に「遺言執行報酬付与審判申立て」を行うことができます。

　この場合、具体的にどれぐらいの報酬金がもらえるのかが気になるところですが、この点に関して公刊物に掲載されている裁判例は残念ながらあまり多くありません。

裁判例1　高松地裁平成25年8月15日判決
・遺　産……土地、預貯金、投資信託、和解金債権
・相続人・受遺者……3人
・遺言執行者……自筆証書遺言による指定（弁護士）

- 遺言内容……執行期間　約7か月
- 執行内容……土地の移転登記、預貯金及び投資信託の一部の払戻し、現金化しなかったものは現物で相続人に分配、和解金の回収（これには遺言執行者が弁護士として関与し、別途288万円余りの弁護士報酬を取得した）
- 報酬額……42万円
- 備　考……遺言執行者が当時の香川県弁護士会報酬規程による遺言執行報酬額である225万円余りと比べて少額に過ぎるという理由で国家賠償を求めたが、判決では社会通念に反するほど低廉に失するとはいえないなどとして請求棄却された。

裁判例2　東京高裁平成16年5月7日決定
- 報酬額……1,050万円を超える金額（それ以外の事項は不明）
- 備　考……遺言者の生前に遺言執行者（予定者）が1,050万円を上限とする報酬請求書を出していた。相続開始後、相続人と遺言執行者との間でも1,050万円を上限とする報酬合意ができていたにもかかわらず、一審の審判でそれを超える金額が命じられたということで相続人が即時抗告したが、遺言執行者に対する報酬付与の審判に対しては即時抗告できないという理由で却下された。

裁判例3　東京高裁平成5年9月14日決定
- 遺　産……不明
- 相続人・受遺者……7人
- 遺言執行者……自筆証書遺言による指定（弁護士）
- 遺言内容……相続分の指定と遺産分割方法の指定を遺言執行者に委ねる趣旨
- 執行期間……相続開始から訴訟上の和解までで5年
- 執行内容……相続人から遺言無効確認請求訴訟を起こされ、その

被告となった。同訴訟が和解となり、別途遺産分割調停で遺産分割をすることになったが、結局遺言執行者の作った案ではまとまらず、調停が取り下げられた。その後、再度遺産分割調停が申し立てられたが、その際には遺言執行者は関与しないまま調停成立となり、相続人によって執行された。

- 報酬額……500万円

裁判例4 大阪高裁昭和55年9月26日決定

- 報酬額……1,600万円（それ以外の事項は不明）
- 備　考……遺言執行者が当時の日弁連報酬規程による遺言執行報酬額と比べて余りにも少額であるという理由で即時抗告したが、遺言執行者に対する報酬付与の審判に対しては即時抗告できないという理由で却下された。

裁判例5 東京家裁昭和49年6月26日審判

- 遺　産……総額1億4,735万円余り（株式・不動産）
- 相続人・受遺者……7人
- 遺言執行者……家裁による選任（職業不明）
- 遺言内容……7人の相続人につき、割合的に遺贈することが定められている。
- 執行期間……約2年7か月
- 執行内容……複数の不動産が遠隔地に数多く存在し、しかも賃貸中であったため、価額の鑑定、受遺分額の確定等に苦心しつつ、具体的分割、移転登記手続きの完了をした。
- 報酬額……200万円

裁判例6 大阪高裁昭和38年2月15日決定

- 遺　産……不動産、有価証券

- 相続人・受遺者……不明（少なくとも6名以上）
- 遺言執行者……遺言書（方式不明）による指定（職業不明）
- 遺言内容……特定の不動産を特定の者に遺贈
- 執行期間……約1年2か月
- 執行内容……多数の相続人・受遺者の感情的対立に悩まされながら個々人と面接、銀行や法務局に出向いて相続財産に関する調査、賃貸物件の管理行為、遺言無効確認調停に利害関係人として出頭
- 報酬額……70万円

○よくある質問

Q1

　遺言執行報酬付与審判申立てにおいては、家庭裁判所は何を基準に遺言執行者の報酬額を決定するのでしょうか。

A　法律では「相続財産の状況その他の事情」によって定めるとされていますが、具体的には執行に関わる遺産の内容、価額、執行行為の内容、難易度、期間、成果などが主に考慮されます。

Q2

　遺言書に記載された報酬額と実際の業務内容が見合わない場合に、相続人と遺言執行者との間で合意した金額を報酬としてもよいのでしょうか。

A　はい、かまいません。遺言書作成時と遺言者が亡くなるまでの間のタイムラグが長い場合など、当初の想定と大きく状況が変わることもあり得ますので、実情に合わせて協議することもできます。協議が整わない場合には、原則どおり遺言書に記載された報酬額が適用されます。

●遺言執行報酬の申立書記載例

遺言執行者に対する報酬付与審判申立書

○○家庭裁判所御中

令和○年○月○日

申立人　○　○　○　○　㊞

第1　申立ての趣旨

　　遺言者○○の平成○年○月○日付け自筆証書遺言の執行に対する報酬として相当額を与えるとの審判を求める。

第2　申立ての理由

　　申立人は、令和○年○月○日、遺言者○○の平成○年○月○日付け自筆証書遺言の遺言執行者に選任された。

　　申立人は、別紙報告書のとおり、上記遺言の執行を完了した。

　　よって、申立人は、上記遺言の執行に対する報酬として相当額を与えるとの審判を求める。

以上

（別紙報告書省略）

③ 遺言執行報酬及び実費は誰の負担か

　遺言執行に関する費用（報酬や実費）は、遺産の中から出すということが民法で定められています（民法 1021 本文）。遺言執行者は、相続人や受遺者にその旨を説明し、スムーズにこれらの費用を回収できるようにしましょう。

10 民法改正と遺言執行者

　令和元年 7 月 1 日施行の民法改正によって、遺言執行者について何かが大きく変わったのか、という質問をよく受けます。
　上記改正では、遺言執行者の権利義務や遺言執行者の行為の法的効果が明確化されたといわれていますが、その点は実務に直接の影響はないと考えて結構です。
　遺言執行者として気を付けなければならないのは、次の 2 点です。

① 不動産の相続の効力

　相続人が遺言執行の妨害行為をした場合、従前はそのような行為は誰に対しても無効だとされていましたが、今回の改正で、遺言執行の妨害行為であることを知らない第三者（善意の第三者）には無効であることを主張できない（その第三者との関係では有効と扱われる）ということになりました（民法 1013 ②）。
　例えば、子どものいない遺言者が、妻に自宅マンションを全部相続させるという遺言書を書いて亡くなった場合、遺言執行によって

マンションの所有権を妻に移転登記する手続きがなされる前に、遺言者の妹が妻への嫌がらせで自分の法定相続分4分の1を不動産業者に売却して移転登記手続きをしてしまった場合などがわかりやすいでしょう。

この場合、不動産業者が遺言書の存在を知っていたなどの事情がない限り、妻は買主である不動産業者に対して、その売買に係る4分の1の共有持分が自分のものだと主張しても負けてしまうことになります（もっとも、この場合でも妻は遺言者の妹に対して金銭による損害賠償を求めることは可能です）。

このようなことが起こらないようにするためにも、遺言執行者としては、迅速な執行が求められます。

② 預貯金の仮払い

最高裁平成28年12月19日判決以前は、金融機関は遺産分割前であっても相続人が単独で預貯金の払戻しを求めてきた場合には、その相続人の法定相続分について払戻しをほぼ認めていました。

しかし、上記最高裁判決によって、一定の種類の預金については、上記のような取扱いが否定されたため、以後、金融機関は遺産分割や遺言執行がなされる前に相続人が単独で自分の法定相続分の預貯金の払戻しを求めても、一切応じなくなったのです。

そして、今回の民法改正によって、相続人が遺産分割や遺言執行の前であっても、法定相続分のうち一部あるいは全部の仮払いを受けることができるように（あるいは、受けやすく）なりました。具体的には、以下の2つの制度になります。

(1) 家庭裁判所に「仮分割の仮処分」を申し立てる場合（要件の緩和）

従来の要件「関係者の急迫の危険を防止するため必要があるとき」

が緩和され、「相続債務の弁済、相続人の生活費の支弁その他の事情により、預貯金債権行使の必要があるとき」とされました。

この場合に仮分割される金額は必要度に応じて認められるので、下限や上限はありません。

(2) 金融機関に直接仮払いを求める場合（制度の創設）

相続人は、一定の金額について、金融機関から無条件で仮払いを受けることができるようになりました。

上限額は「相続開始時の預貯金額の3分の1×請求者の法定相続分」となっています。

法務省令により、上限額は金融機関ごとに1人当たり150万円とされており、1人で2行分なら最大300万円、2人で2行分なら最大600万円下ろせることになります。

*　　　　　*　　　　　*

遺言書でその預金を承継しないことになっている相続人がこれらの行為に出た場合、遺言執行者又は損害を受けた相続人は、仮払いを受けた相続人に不当利得返還訴訟を起こすことになります。金融機関に対しても請求できればよいのですが、金融機関がその遺言を知らなかった場合には、上記■で説明した民法1013条2項により請求できないことになってしまいます。

このような事態を防ぐため、場合によっては、遺言執行者が遺言書を添付した遺言執行者就任通知を遺産に関係のある金融機関にも送っておくことを検討すべきでしょう。

COLUMN

証人のすすめ

　公正証書遺言の作成には2人以上の証人が立ち会うことが必要ですが、特に資格が必要なわけではないので、もちろん相続コンサルタントでも証人を務めることができます。

　高齢の遺言者（特に女性）にとって、公証役場の応接室でダークスーツを着込んだ公証人（多くは年配の男性）からあれこれ尋ねられるのはたいへん緊張するものです。

　そんなとき、遺言書案を作ってくれた士業の先生のほかに、最初に相談に乗ってくれた顔見知りの相続コンサルタントがそばにいてくれたら、きっと遺言者も安心して話ができるに違いありません。部屋の外で待っているご家族も安心することでしょう。

　遺言コンサルティングなどをきっかけに、公正証書遺言の証人を務めるチャンスがあったら、ぜひ積極的に実行してみてください。

第2章

遺言作成時に
遺言執行者に指定
してもらう提案方法

1 遺言執行のケースと提案のしかた

　遺言執行者とはどういうものか、第1章である程度理解できたと思います。「これなら自分にもやれそう」「相続コンサルタントとして、ぜひやってみたい」と思った人も多いのではないでしょうか。

　そこで、この章では遺言執行者が必要なケースと遺言執行者に指定されるための話法をご紹介します。

　ケースごとに、遺言者がどうして遺言執行者を指定したいと考えるのか、その理由と提案のしかたを見ていきましょう。

ケース1　子が遠方（海外など）にいて、遺産の移転手続きに時間がかかるケース

> **事　例**
> ・相談者：母A
> ・被相続人（遺言者）：母A
> ・相続人：長男B、次男C
> ・長男Bはアメリカ在住の新聞記者で、世界中飛び回っている。

　このようなケースの場合、公正証書遺言がなく遺言執行者がいなければ遺産の移転手続きに手間取ります。まず、海外にいる長男Bが日本で住民登録をしているかどうかも大切なポイントです。

　日本での遺産の移転手続きに伴う書類は、実印と印鑑証明書を必要とするものが多く、印鑑登録は日本に住民登録していることが前提です。もしなければ、大使館や領事館などの在外公館で署名証明を取得する必要が出てきます。

　また、書類のやり取りをEMSなど国際スピード郵便で行ったと

しても2～3日かかり、世界中飛び回っていて受取りが遅れればそれだけさらに時間を要します。印鑑登録をしていたとしても、日本に帰国して手続きができなければ、時間がかかることには変わりありません。

　このように「相続人が海外にいる」「遠方に住んでいる」「仕事が多忙でなかなか休めない」などという場合は、相続コンサルタントに遺言執行者となることを依頼したほうが、手続きがスムーズに進みます。

○提案のしかた

　相続コンサルタントＸ：長男Ｂさんが海外でお仕事をされていますが、お仕事は簡単に休めるんですか？

　相談者Ａ：いえ、新聞記者で世界各国を飛び回っているようなので難しいと思います。

　Ｘ：では、万が一Ａさんに何かあった場合は、次男Ｃさんが頼りですね。

　Ａ：Ｃも仕事が忙しいので、Ｂほどではないですが、頼りにはできません。

　Ｘ：そうすると、相続発生時に遺産分割や相続税の納税申告が滞る可能性が出てきますね。Ｂさんは日本で住民登録や印鑑登録をされていますか？

　Ａ：そうなんです。私もそれが心配で。主人が亡くなったときも大変でした。印鑑登録もしていなくて署名証明を取ってもらったり、とにかく時間がかかってしまいました。生命保険も主人が亡くなって半年以上たってからやっと受け取れました。

　Ｘ：それは大変でしたね。今回は遺言書に遺言執行者を指定しておけば、そのようなわずらわしさはなくなると思います。

ケース2　前妻（前夫）との間に子がいるケース

事 例

- 相談者：父A
- 被相続人（遺言者）：父A
- 相続人：母B、長男C、長女D
　　　　　前妻Eとの間の長男F
- 前妻Eとの間の長男Fとは40年以上前に別れ、連絡を取っていない。

　前妻（前夫）との間に子がいる場合は、当然にその子も相続人になります。

　万が一、相談者に「もう何十年も前に別れてどこに住んでいるのかさえわからない子」がいる場合は、まず、前妻との間の子を探すところから始め、連絡が取れたとしても遺産分割協議が難航することが想定されますので、遺言書は必須でしょう。

　同時に、相続コンサルタントに遺言執行者となることを依頼しておけば、相続人は、前妻との間の子と接触することなく、遺言書のとおりに遺産の移転手続きが可能になります。

○提案のしかた

相談者A：私には、40年以上前に別れた妻との間に男の子が一人いますが、その子も私が亡くなった際には相続人となりますか？

相続コンサルタントX：はい、そのお子さんも相続人になります。

Ａ：しかし、それっきり連絡を取っていないので、今どこに住
　　んでいるかもわからないです。私の財産は今の家族にすべて
　　遺してやりたいんですが。

Ｘ：前妻との間のお子さんには遺留分という権利があるので、
　　遺産をまったく渡さないことは残念ながらできませんが、そ
　　れでも遺言書を書くことで、今のご家族に多く遺すことはで
　　きます。

Ａ：その場合、居所も探していただけるんですか？　あと、そ
　　の子と今の家族が、私が亡くなった後に接触しなくて済むよ
　　うにはできますか？

Ｘ：はい、戸籍からたどって行けば居場所を探し出すことはで
　　きると思います。また、遺言執行者に我々を指名していただ
　　ければ、今のご家族と前妻との間のお子さんが接触せずに、
　　遺産を遺言書のとおりに移転することが可能です。

遺言執行者指名のお知らせ

年　　　月　　　日

＿＿＿＿＿＿＿＿＿＿　　様

〒○○○ - ○○○○

○○○市○○町○－○－○

電話○○ - ○○○○ - ○○○○

株式会社○○

代表取締役　　○○　　○○

拝啓

　時下ますますご清祥の段、お慶び申し上げます。

　当職は、遺言者○○○○様の令和○年○月○日付公正証書遺言（○○法務局所属○○公証役場　公証人○○○○第○○号）において遺言執行者に指名されましたので、本書をもってお知らせします。

　今後は、遺言者○○○○様に万が一のことがあった際には当職まで必ずご連絡をいただけますようお願い申し上げます。

　ご不明な点等ございましたら、当職までお気軽にお問い合わせいただきますようお願い申し上げます。

敬具

ケース3　高齢の家族や認知症の家族がいるケース

事　例

- 相談者：長女Ｃ
- 被相続人（遺言者）：父Ａ
- 相続人：母Ｂ（認知症）、長女Ｃ
- 長女Ｃは独身で両親と一緒に住んでおり、相続争いの心配は
  ないが、母Ｂが認知症であるため、父に万が一のことがあっ
  たときの相続手続きが心配。

　このケースも、遺言書の作成と遺言執行者を指定しておいたほう
がよいと思われます。

　家族間で揉める心配がなくても、母の認知症が進んでいる場合は、
自分の意思を伝えたり自分の状況を理解して物事を判断したりでき
ない、つまり意思能力が欠如していると判断され、遺産分割協議を
行うことができません。

　この場合、家庭裁判所に申立てをして成年後見人を選任してもら
いますが、時間もかかりますし、またほとんどの場合、法定相続分
どおりの遺産分割になります。

　仮に、認知症の妻ではなく子どもに現預金など金融財産をすべて
相続させたいと考えているのなら、遺言書を作成しましょう。

　そして遺言執行者を指定しておけば、仮に相続人が高齢で銀行で
の手続きや役所に行くことが困難でも、遺産の移転手続きは相続コ
ンサルタントが行ってくれます。

○提案のしかた

相談者Ｃ：母が認知症なのですが、まだ後見人はつけていません。もう母は私のこともよくわかってないみたいで、母の妹と勘違いしたりします。母の介護は、基本的に私とヘルパーさんとでやっていますが、入院している父の容態が芳しくなく、万が一、父が亡くなったらどうなるのか心配です。

相続コンサルタントＸ：お父様の看護とお母様の介護、両方されていて大変ですね。確かに、このままお父様に万が一のことがあると遺産分割協議の際、成年後見人を選任してもらう必要があります。お父様はこのことについて何かおっしゃっていますか？

Ｃ：父は、認知症でお金の管理もできない母に預貯金などを遺してもどうしようもないから、私にすべての財産を遺すか、自宅だけは母に遺すかで悩んでいます。

Ｘ：お父様がそのようにおっしゃっているなら、遺言書を書いてもらうのがいいと思います。また、公正証書遺言は、公証人と我々証人がお父様の入院先の病院まで出張をして作成することが可能です。それから、お母様の介護で大変でしょうから、我々を遺言執行者に指定していただければ、遺産の移転手続きもこちらですべてやらせていただきますよ。

② 必ず遺言執行者を付けなければならないケース

　いかがでしょうか？

　３つのケース、遺言執行者を指定したほうが良い例と、その場合にどういうアプローチで遺言執行者に指定してもらうかの話法を紹介しました。

　その他、以下のケースも遺言書があって遺言執行者が指定されていると、手続きがスムーズに進むと思われます。

　また、必ず遺言執行者をつけなくてはならないケースもあります。

① **認知症と同じく知的障害など判断能力が欠如している相続人がいる**

　➡遺言書がない場合には、遺産分割協議のために認知症の場合と同じく成年後見人を選任してもらう必要があります。その場合、財産管理ができない相続人に相続財産が遺されるという問題が生じます。

② **相続人の中に行方不明者がいる**

　➡行方不明者にも相続人としての権利があるため、不在者財産管理人を選任してもらい遺産分割協議をする必要があります。この場合、行方不明者も法定相続分のとおり遺産を取得することが多いようです。

　遺言書がある場合は、法定相続分より遺言書が優先しますので、行方不明者が存在しても相続財産の移転をスムーズに行うことができます。

③ **相続人の仲が悪い**

　➡相続人の仲が悪い場合は、遺言書がなければ遺産分割協議で揉めて調停等をしなければならないことが想定されます。

また、遺言書があったとしても、相続人の１人が遺言執行者となった場合、他の相続人から誹謗中傷を受けたり、遺言執行を妨害されるかもしれません。相続コンサルタントを遺言執行者に指定することで、相続人どうしの無益な争いを回避することができます。

④ **未成年者がいる**

➡未成年者は遺産分割協議に参加できません。未成年者の法定代理人は親権者ですが、親権者も相続人の１人になっている場合には、未成年者との利益相反になるため、特別代理人を選任して遺産分割協議となります。

　この場合も法定相続分どおりに遺産分割されるケースが多いため、未成年の子に多額の遺産を渡すことが良いと思えない場合は遺言書を書いたほうがよいでしょう。

　特に未成年の孫を養子（孫養子）にしている場合、そのことをあまり好ましく思っていない相続人との軋轢が生じた場合のことを考えて、遺言執行者は相続コンサルタントが望ましいと思われます。

⑤ **遺言書で子の認知をする場合**

➡子を遺言書で認知した場合（民法781②）は必ず遺言執行者を指定する必要があります（戸籍法64）。

　この場合の遺言執行者は、弁護士が望ましいでしょう。

⑥ **相続人の廃除又はその取消し**

➡遺言で相続人の廃除をする場合や、その取消しをする場合（民法893、894）にも遺言執行者を指定しておくことが望ましいでしょう。

　この場合、遺言執行者が家庭裁判所に請求することで行うため、弁護士が遺言執行者になるほうがよいでしょう。

⑦　相続人がいないケースで遺言書により遺贈を行いたい場合

➡そもそも相続人がいない人の財産は国庫に帰属します。

　　もし自分の財産について寄付や遺贈をしたい場合は、必ず遺言書を書く必要がありますし、その遺言書の内容を実現してもらうためにも遺言執行者は必須です。

　　この場合も、相続コンサルタントを遺言執行者に指定するとよいでしょう。

　ここまで、いろいろなケースを紹介しました。

　どういう場合に遺言執行者が必要で、どうすれば遺言執行者に指定されるのか、ご理解いただけたでしょうか。

　遺言者の遺言を確実に実現するために、遺言執行者は重要な役割を果たします。ぜひ、相続コンサルタントの皆さんにはそのことを理解して相談者に伝え、遺言執行者に指定してもらえるよう研鑽していただきたいと思います。

母の想いは実現するのか？

　相談者Ａさん（57歳）には、３歳の時に手放した子がいます。

　再婚した夫には離婚歴のことは話していますが、子がいたことは話せていません。もちろん、今の夫との間の子にも知らせていません。それは、Ａさんが育児ノイローゼになり子を虐待し、精神病院に入院した間に子を取り上げられ、無理やり離婚に応じた暗い過去があるためでした。

　Ａさんは今でもその子に対する贖罪の気持ちが強く、「会うことはできなくても、母として何か最期に遺してやりたい」との想いがあり、自分が病気で余命宣告を受けたことでさらに強くなりました。

　もともとＡさんは優秀な大学を出ていたため、離婚後に恩師の紹介で大手企業に就職し、今の夫ともその会社で知り合ったそうです。ずっと共働きだったこともあり、それなりの金融資産もあります。

　ある日、目にした新聞のセミナーの見出しが目に留まりました。そこには『想いを遺す相続セミナー〜笑顔相続と争う相続の分岐点〜』と書かれており、とても気になったそうです。

　入退院を繰り返す中、ちょうど退院していた時期だったので参加してみようと決心したのでした。

　セミナーを聴いて、「遺言書を書けば、前夫との間の子にも自分の財産を遺せて、遺言執行者をつければ今の家族に迷惑がかからないのではないか」と考えるようになり、セミナー講師をした相続コンサルタントに相談のアポイントを入れました。

　相談前に数回メールでやり取りをした後、相続コンサルタントが弁護士とともにＡさん宅を訪ねました。面会した時のＡさんは

痩せてはいましたが、余命宣告を受けた人とは思えないほど、しっかりとした口調で話していました。

Aさんは「今の家族を大事にしていて愛しているけど、別れた子のことも気にかかっていて、このままでは死ぬに死ねない」と涙ながらに話しました。

相続コンサルタントは「今のうちにご家族にそのお子さんのことをお話することはできないのですか？」と質問しましたが、Aさんは「どうしてもそのことは墓場まで持って行く」と言って譲りません。Aさんの体調も考えると、それ以上強く勧めることもよくないと思い、相続コンサルタントは「遺言書を書いて、その中で遺言執行者を指定すれば前夫との間の子にも財産は遺せるし、今のご家族は相続の件でその子と接触をしなくてもいいんですよ」と説明しました。

ただ、一点だけ気になったことを伝えました。

「もし、今のご主人とお子さんが遺言の内容を知らされたら、本当に驚き、『どうして打ち明けてくれなかったのだろうか……』と思うのではないでしょうか？　それに、3歳の時に別れたままのお子さんも、もしかしたら戸惑うかもしれません。せっかくのAさんの想いがAさんの大切なご家族にきちんと伝わるように手紙を残しませんか？　遺言書には「付言」といって、想いを遺す部分はありますが、それでは不十分な気がします。お手紙もそれぞれのご家族にしっかり責任をもってお届けしますよ」

するとAさんは、「ありがとうございます。そんなご提案をいただけるとは……。これで、思い残すことなくあの世に旅立てます。どうか、今の家族にも手放した子にも、手紙とともに『私がどれだけみんなのことを愛していたか』を伝えてください。どうぞ、よろしくお願いします。」

切ない母の想いとともに、相続コンサルタントが遺言書の作成

及び証人と遺言執行者を受任した事例です。

　公正証書遺言は公証人に出張してもらい、Aさんの入院先の病院で作成しましたが、3か月後にAさんは亡くなりました。

　その後、遺言書のとおり前夫との間の子にAさんの手紙をお届けしました。最初、「別れた母のことは覚えてもいない」といって手紙を受け取ることを拒否していましたが、相続コンサルタントが「どうか最後の手紙を読んであげてください」と必死でお願いしたところ、ようやく読んでいただけました。

　病気で筆圧が低下し弱々しい筆跡でしたが、便せん10枚近く書かれた母の想いが通じたのか、その方が泣き崩れてしまわれた様子が印象的でした。

　Aさんの財産についても最初は「もらうわけにはいかない」と固辞していましたが、相続コンサルタントが「今のご家族も自分たちに宛てた手紙を読んでAさんの想いを知り、最後の願いなので受け取ってほしいと言われている」と伝えたところ、すべてAさんの想いのとおりになりました。

　とても切ない事例ですが、このように遺言執行者は時に遺言書の執行だけではなく亡くなった人の想いを届ける大切な役目を担っていると思います。

第3章

遺言執行業務 の手順

本章で想定しているのは、遺言によって指定された遺言執行者が、預貯金、有価証券、不動産その他の遺産の分配を行うという、最もポピュラーなケースの遺言執行業務の手順です。

1 相続開始を知る

遺言は相続開始とともに効力が生じますが、遺言執行者に指定されている相続コンサルタントとしては、まず遺言者が亡くなり相続が開始したことを何らかの方法で知らせてもらわなければ始まりません。

そのためには、遺言書作成段階で、遺言者に以下のような書面を渡し、遺言書と一緒に封筒に入れて保管しておくように頼んでおくなどの工夫をすることが望ましいでしょう。

○○様のご家族の皆様
　この遺言書の正本は、私がお預かりしています。
　○○様に万が一のことがあった場合、又は遺言書の書き換えをお考えの場合には、下記までご連絡ください。
　ＴＥＬ　０８０-△△△△─××××
　　　　　　　　相続コンサルタント（遺言執行者）○○　○○

エンディングノートに「死亡時に連絡すべき先」として、遺言執行者に指定された者の連絡先を書いてもらっておくことも考えられます。

筆者は「遺言執行者指名のお知らせ」を送付することもあります。

いずれの方法がよいかは相続人と相続コンサルタントの関係性において も変わってくると思われます。状況に応じて判断して使い分け てください。

　また、相続コンサルタントのほうから、遺言者又は相続人に自社 のニュースレターやイベント案内などを定期的に送って関わりを絶 やさないようにするなどの工夫も考えられるでしょう。そうすると 遺言者が施設や病院に入ったなどの情報も入ってきますし、副次的 効果として、当初の遺言書作成時にはニーズのなかったこと、例え ば相続人世代の関係者が年齢を重ねるにつれて「次は自分が遺言書 を書こうか」という依頼につながることなども少なくありません。

COLUMN

見守り契約と遺言執行者

　自宅で一人暮らしの高齢者に定期的に連絡を取って安否確認を する「見守り契約」をご存じでしょうか。任意後見契約とセット で契約を結ぶ例も多いようです。

　高齢者ご本人ではなく、遠方に住む子どもからの依頼という ケースもあり、孤独死の防止や異変の早期発見が期待されていま す。

　連絡を取る方法は、顧客の好みや健康状態に応じて、LINE、メー ル、電話、訪問などを組み合わせることができます。生活相談や 片付けや入院の補助など、オプションのサービスメニューは相続 コンサルタントによってさまざまです。

　遺言執行者に指定されている相続コンサルタントが遺言者と見 守り契約を結んでおけば、遺言書作成から相続開始まで継続して 関わることができます。

2 遺言書の確認

① 公正証書遺言

　遺言執行者に指定された者は、それを承諾して遺言執行者に就任するか否かの判断材料として、まずは遺言書をよく読んで、遺言執行者の職務範囲を把握することが必要です。また、自分が預かって保管している遺言書が最新の遺言書かどうかも、念のため相続人に聞くなどして確認しておくべきでしょう。

② 自筆証書遺言

　自筆証書遺言の場合は、家庭裁判所への検認申立てが必要です。もし検認を受けずに遺言執行をした場合には、過料の制裁が定められていますし（民法1005）、金融機関や法務局でも自筆証書遺言の場合には家庭裁判所作成の検認調書の添付が求められます。

　検認申立てをすることができるのは、第一に遺言書の保管者であり、保管者がいない場合（遺言者が管理していた引出しにしまってあった場合など）には、遺言書を発見した相続人になります（民法1004）。遺言執行者に指定された者が自筆証書遺言を預かって保管していた場合には、自ら保管者としての立場で検認手続きをすることになります（法務局による保管制度利用の場合には検認手続き不要であることにつき、次頁のコラム参照）。

　遺言執行者といえども、封をされている自筆証書遺言を勝手に開封することはできず、もし開封した場合には過料の制裁が定められ

ていますので、注意が必要です。

COLUMN

自筆証書遺言の保管制度

令和2年7月10日から法務局における自筆証書遺言の保管
制度がスタートしました。

これによって、自筆証書遺言の形式に適合するかという外形的
なチェックが受けられることになります。

保管される遺言書は，原本に加えて画像データとしても長期間
（原本は遺言者の死亡後50年間、画像データは150年間）保管
されることになります。

法務省民事局が公表している「遺言書保管制度の利用状況」に
よれば、令和2年7月～令和3年6月の保管申請数は2万
849件、令和3年7月～令和4年6月は1万6,615件、令
和4年7月～令和5年6月は1万8,492件とのことです。

保管制度を使う最大のメリットは、何といっても遺言書を紛失
するおそれがないことです。また、自宅等に置いておくと相続人
や受遺者などの利害関係人によって遺言書が破棄・隠匿・改ざん
されたりする可能性がありますが、法務局で保管してもらえば、
そのような事態を防ぐことができます。

もっとも、この制度を使っても、法務局の担当者が遺言書の内
容について相談に乗ってくれることはありませんし、その遺言書
が法的に有効であることを保証してくれるわけでもありません。
これらの点は誤解が多いところですので、よく理解しておきま
しょう。

遺言者が生前に手配しておけば、遺言者が亡くなって相続が開
始した場合、法務局の戸籍担当部局と遺言書保管所との連携によ

り、遺言者の死亡の事実が確認できた時に、相続人らの閲覧請求を待たずして遺言者の指定に係る者1名に対し、法務局に遺言書が保管されている旨の通知が届きます。

　また、自筆証書遺言ではあるものの、この保管制度が利用されていれば家庭裁判所での検認手続きは不要となります。

③ 戸籍の取寄せと法定相続人の確定

１　相続人からの聴取

　遺言書作成時にも遺言者の相続関係図を作ってあると思いますが、遺言者が亡くなるまでの間に変化があったかもしれませんので、念のため聴取して確認しておきましょう。

２　戸籍の取寄せ

　遺言執行者は、相続人の委任状を呈示しなくても、遺言執行者という立場において、単独で必要な戸籍等を取り寄せることができます。

　その場合、遺言書と遺言者の死亡がわかる戸籍（除籍）謄本の呈示が必要です。その他の身分証などの必要書類は各市区町村役場のホームページから確認し、明らかでない場合は問合わせしておきましょう。

　戸籍（除籍）謄本を取り寄せる手順は、以下のとおりです。

①　相続人から、遺言者の本籍のある市区町村役場で「遺言者の出

生から死亡まで（のうち、その役場にあるだけ全部）」の戸籍（除籍）謄本を１通ずつ取ってもらいます（実際には遺言執行以外の用途にも使えるように何通かまとめて取っておいてもらうと便利です）。

② 　上記①によって「遺言者の出生から死亡まで」の戸籍（除籍）謄本がすべて揃えばよいのですが、そうでない場合、そのうち最も古い戸籍（除籍）謄本を見て、１つ前の本籍地がどこかを読み取り、その市区町村役場に「出生から転籍まで（のうち、その役場にあるだけ全部）」の戸籍（除籍）謄本を請求し、これを繰り返すことによって、「遺言者の出生から死亡まで」の戸籍（除籍）謄本を一式揃えます。

③ 　全相続人の現在戸籍と「戸籍の附票」（住民票上の住所が記載されています）を集めます。全相続人の現在戸籍は、遺言者の出生から死亡までの戸籍を読み取って追う方法もありますが、相続人に直接聞いたり取得を頼んだりすることができる場合には、それが一番よいでしょう。戸籍の附票の代わりに住民票でもかまいません。

❸ 　法定相続人の確定

　相続人からの聴取内容と戸籍（除籍）謄本一式をもとに相続関係を確認して、相続関係図を作成します。

❹ 　法定相続人及び受遺者の連絡先住所の確認

　法定相続人については、上記❷で取り寄せた戸籍の附票記載の住所が原則として今後の連絡先となります。

　法定相続人以外の受遺者がいる場合は、遺言書にその住所等が記

載されているはずですので（自筆証書遺言の場合は記載されていない場合もあります）、それを手がかりに住民票を取り寄せるなどして確認します。

4 就任又は辞退の通知

遺言執行者に指定された者が就任を承諾する場合には就任通知書を、就任を辞退する場合には辞退通知書を、法定相続人及び受遺者全員に送付します。

通知書の文面や送付方法に特に決まりはありませんが、しばらく誰も連絡を取っていない法定相続人や受遺者に対しては、書留郵便など配達経過を追跡できる送付方法を取るとよいでしょう。

辞退する場合にはあえて辞退通知書を出さずに放置してしまいがちですが、そうすると、相続人等の利害関係者が就任の諾否について催告をし、一定期間内に確答しない場合には就任を承諾したものとみなされてしまいますので（民法1008）、そのようなリスクを負わないためにも明確に辞退を通知しておいたほうが望ましいといえます。

(1) 就任通知書の例

遺言執行者就任通知書

令和×年×月△日

故○○○○様遺言執行者　□　□　□　□

小職は、故○○○○様（令和×年×月×日死亡）の平成○年

○月○日付け公正証書遺言（コピーを本書面の別紙として添付）
第○条において、遺言執行者に指定されました。

　つきましては、本書面をもって、遺言執行者への就任を承諾
し、遺言執行業務に取りかからせていただくことを相続人の皆
様に通知いたします。

　以後、ご協力いただかねばならない事項が多々生じることと
思いますが、何卒よろしくお願い申し上げます。

(2)　辞退通知書の例

遺言執行者就任辞退通知書
令和×年×月△日
相続コンサルタント　□　□　□　□

　小職は、故○○○○様（令和×年×月×日死亡）の平成○年
○月○日付け公正証書遺言において、遺言執行者に指定されて
おりますが、諸事情により遺言執行者への就任を辞退させてい
ただきたく、本書面をもって相続人の皆様に通知いたします。

　何卒ご理解の上、よろしくお取り計らいください。

5　遺言書の開示

　民法改正によって、「遺言執行者は、その任務を開始したときは、
遅滞なく、遺言の内容を相続人に通知しなければならない」（民法

1007 ②）と明確に定められました。

　遺言書はすでに遺言執行者の手元にありますので、そのコピーを取って遺言執行者就任通知書に同封して送付するのが通常です。

　これは上記のとおり法律に定められた遺言執行者の義務ですので、たとえ一部の相続人や受遺者から「あの人には遺言書の内容を教えないでください」と頼まれても応じることはできません。また、その相続人が遺留分権者でないからといって通知義務が免除されるわけではないので、注意してください。

　一方、相続人でない受遺者については通知先として規定されていませんので、遺言の内容を通知するかどうかや、通知するとしてもどのようなかたちで通知するかは遺言執行者の裁量に委ねられています。

6 遺産目録の作成と開示

1 遺産目録の作成

　遺産目録の作成については、「遺言執行者は、遅滞なく、相続財産の目録を作成して、相続人に交付しなければならない」（民法1011 ①）と定められています。

2 遺産目録作成の範囲

　遺産目録作成の範囲について、遺言書の内容が遺言者の全遺産に及んでいる場合には全遺産の遺産目録を作成する必要があります

が、特定の遺産の分配方法のみ記載されている場合にはその遺産のみの目録を作成すればよく、そもそも遺産の分配方法について記載がない場合（例えば、廃除や認知のみ記載されている場合）には遺産目録は作成する必要がありません。

❸ 遺産目録の作成方法

　相続税申告が必要な場合で、遺言書の内容が遺言者の全遺産に及んでいる場合には、相続税申告を受任した税理士と連絡を取り合い、協力し合って作成するのがよいでしょう。

　遺言執行者が作成すべき遺産目録には不動産の評価額を記載しなくてもよいので、税理士が相続税申告のために作成する目録よりも作成がスムーズです。

　遺言者が成年被後見人であった場合には、後見人から相続開始時点での財産目録と資料が相続人に送られてきますので、それを遺言執行者が相続人から入手して確認しながら作成するとよいでしょう。

　税理士や後見人の協力がない場合には、遺言執行者が自ら調査をしなければなりません。遺言書に記載されている遺産の資料（預貯金については通帳や証書、不動産については固定資産税の納税通知書）を集めて目録を作成することになりますが、不安な時はそうした業務に慣れている税理士等に相談するとよいでしょう。

●遺産目録の送付書

遺産目録のご送付

令和６年○月○日

遺言者△△△△遺言執行者○○○○

　遺言者△△△△にかかる遺言執行対象となる遺産目録（□□
□□税理士作成）を添付いたします。
　今後、遺言書に基づいてこれらの遺産の権利移転を順次執行
してまいりますので、引き続きよろしくお願いいたします。

遺産目録

1　土地
　　所　　　在　　さいたま市○区大字○○
　　地　　　番　　１２３番４
　　地　　　目　　宅地
　　地　　　積　　○○平方メートル

2　建物
　　所　　　在　　さいたま市○区大字○１２３番地４
　　家 屋 番 号　　１２３番４
　　種　　　類　　居宅
　　構　　　造　　木造スレート・亜鉛メッキ鋼板葺２階建
　　床 面 積　　　１階　　○○平方メートル
　　　　　　　　　２階　　○○平方メートル

3　預金（○○銀行○○支店）
　　普通預金　口座番号○○○○○○○　　　　　○○円
　　定期預金　口座番号○○○○○○○　　　　　○○円

4　有価証券（○○証券○○支店）
（1）株式
　　銘柄　○○　　　　　　　　　　　　　　　○○株
（2）累積投資　　　日本 MRF　　　　　　　○○口

以　上

7 遺言に従った財産の分配実務

1 預貯金

(1) 預貯金の解約・払戻手続き

　金融機関によって若干異なりますが、おおむね以下のような手順でなされます。詳しくは、当該金融機関に事前に電話等で問い合わせておくと間違いありません。

① 遺産の通帳や証書を相続人から預かります。インターネット上で口座開設されている場合には、紙製の書類がまったくないこともあるので、遺言者が使用していたパソコン、スマートフォン等の端末やエンディングノート等をよく確認してもらいます。

② 各支店宛てに遺言執行者名で書面又は電話による連絡をして「相続届」「相続手続依頼書」等の手続書類を送付してもらいます。その際、「遺言書に基づく遺言執行」であることを明確に伝えることが重要。金融機関によって書式が千差万別なので「書き方がわからないので、記入例を同封してください」と伝えるとなおよいでしょう。

③ 送付された手続書類への記入や必要書類の取得を行います。振込先は、特に不都合がない限り、その口座の預貯金を取得する相続人又は受遺者名義の口座にします。

　主な必要書類は、以下のとおりです（金融機関により多少異なるので要注意）。

・遺言書（正本）

- 遺言者の死亡が記載されている戸籍（除籍）謄本
- 遺言執行者の印鑑証明書
- 遺言執行者の本人確認書類のコピー

④　金融機関の指定宛先へ手続書類と必要書類を送付するか、支店の窓口（その口座のある支店でなければならないとする金融機関と、最寄りの支店でよいとする金融機関があります）に出向いて提出します。遺言書や戸籍の原本については、コピーを取ってから返してもらえるよう、念のためメモを付けるなどしておくとよいでしょう。

⑤　金融機関からの資料追加や書類の訂正等の連絡があれば対応し、全部揃っていれば1〜2週間で指定口座に解約された預貯金が振り込まれます（ゆうちょ銀行の場合は、払戻証書が遺言執行者のもとに送付されてくるので、それを最寄りの郵便局の窓口に呈示して払戻しを受けることになりますが、その際、払戻金はゆうちょ銀行の口座にしか送金してもらえず、他行の口座に入金したい場合にはいったん現金で受け取り、他行の窓口に行って振り込むことになるため、持ち運びやその後の段取りにつき要注意）。振込の前後に金融機関から遺言執行者のもとに振込日までの利息を付した明細書が送られてきます。

⑥　その口座の預貯金を取得する相続人又は受遺者に入金の確認をしてもらいます。

(2)　民法改正による注意点

　民法改正によって、以下のとおり相続人が単独で預貯金の払戻しを受けることができる制度ができました。
　遺言書で取得することになっている相続人以外の相続人がこの制度を使って払戻しを受けることがないよう、遺言執行者としては早期に解約・払戻手続きをする必要があります。早期に手続きをする

ことができない事情がある場合には、とりあえず金融機関に遺言執行者の受任通知と遺言書を送付しておくとよいでしょう。

●金融機関提出用の委任状（遺言執行者が補助者に一部の手続きを委任する場合）

委　任　状

令和6年○月○日

遺言者△△△△遺言執行者○○○○

　私は、遺言者△△△△（令和6年○月○日死亡）の遺言執行者としての諸手続のうち、下記の者に対し、その相続財産である預貯金・出資金・有価証券その他の債権の売却、解約、払戻し、払戻し金の受領、名義変更、貯金等照会、残高証明書の取得のために必要な一切の手続につき、私の補助をする権限を委任いたします。

　　（受任者）

　　　住所　＿＿＿＿＿＿＿＿＿＿＿＿＿＿＿＿＿＿＿＿＿＿

　　　氏名　＿＿＿＿＿＿＿＿＿＿＿＿＿＿＿＿＿＿

　　　生年月日＿＿＿＿＿＿＿＿＿＿＿＿＿＿＿＿＿＿

●民法改正による預貯金仮払い制度
① 家庭裁判所への「仮分割の仮処分」の申立て

　従来からこの仮処分制度はあったのですが、従来の要件は「関係者の急迫の危険を防止するため必要があるとき」という厳しいもの

でしたので、あまり使いやすいものではありませんでした。民法改正によって、この要件が緩和され、「相続債務の弁済、相続人の生活費の支弁その他の事情により、預貯金債権行使の必要があるとき」と変更されました。

仮分割の金額は必要度に応じて認められるので、上限はありません。

② 金融機関に直接仮払いを求める場合

相続人は、金融機関に直接仮払いを求めることもできます。この場合には上記①のような理由を説明する必要はなく無条件で支払われますが、金額に上限があり、「相続開始時の預貯金額の3分の1×請求者の法定相続分」と「法務省令により定められた上限額150万円（金融機関ごと・相続人ごと）」のいずれか低いほうになります。

③ 預貯金仮払いの具体例

例えば、法定相続分が4分の1である長男がこの仮払い制度を利用する場合を考えてみましょう。

・A銀行に1,200万円の預金がある場合

1,200万円×1／3×1／4（法定相続分）＝ 100万円 ≦ 150万円

➡上限150万円の範囲内なので、長男は100万円全額の仮払いを受けることができます。

・B信用金庫に2,400万円の貯金がある場合

2,400万円×1／3×1／4（法定相続分）＝ 200万円 ≧ 150万円

➡上限150万円を超えているので、長男は150万円の仮払いを受けることしかできません。

結論として、長男は上記合計額である250万円の仮払いを受けることができます。

遺言執行をするに当たっては、実際に誰がいくらの仮払いを受けたかを把握し、それはすでに履行されたものとして残額のみの執行をすることになります。

○よくある質問

Q1

　遺言者が亡くなる1か月前に、遺言者名義の預金口座から連日お金が下ろされ、合計200万円になっています。相続人の中から「この200万円は本来は遺産に含まれるべきものなのだから、誰が下ろして何に使ったのかを遺言執行者に調べてもらいたい」との声が上がっています。どうしたらよいでしょうか。

Ａ　この200万円については、次の3つの可能性が考えられます。いずれも遺言執行の対象とはなりませんので、遺言執行者が調査する義務はありません。

① 　遺言者の明示又は黙示の指示によって誰かが下ろし、遺言者の医療費等として使われた場合

　　この場合には、この200万円が遺産に反映されることはありません。

② 　遺言者が相続人の1人に贈与した場合

　　この場合には、遺留分侵害額請求や遺産分割の場面で「特別受益」として考慮されることになるでしょう。

③ 　相続人の1人が勝手に引き出して自分のものにしてしまった場合

　　この場合には、引き出した時点で遺言者が引出者に対して「不当利得返還請求権」を取得したことになり、遺言者が亡くなったことによって、その権利が相続されたと考えられます。

　　預貯金以外の金銭債権は遺言者が亡くなったことによって当然に法定相続分に従って相続されますから、遺言執行や遺

産分割の対象外になり、引出者以外の相続人全員が引出者に対して法定相続分に応じた不当利得返還請求をするべきことになります。

Q2

遺言者が亡くなった直後に、長男が葬儀費用を工面するために遺言者名義の預金口座から連日お金を下ろし、合計200万円になっています。この預金口座を遺言で取得した相続人から「この200万円は遺産なのだから、遺言執行者のほうで回収してもらいたい」との声が上がっています。どうしたらよいでしょうか。

A この場合には、その預金口座を遺言によって取得した相続人が長男に対して「不当利得返還請求権」を取得することになります。遺言者が亡くなった後に遺産である預金債権の一部が不当利得返還請求権に転化したと考えられますので、その回収は遺言執行者の業務に含まれません。

なお、長男は「葬儀費用に使ったのだから返す必要はない」と言うかもしれませんが、法的には葬儀費用は相続債務ではなく喪主の個人債務に当たりますので、相続人全員の合意がなければ遺産から差し引くことはできません。

ちなみに、遺言書がないケースの場合、民法改正によって、相続開始後に遺産を処分した相続人以外の相続人全員が同意すれば遺産とみなすことができるとされ（民法906の2）、わざわざ不当利得返還請求をしなくても遺産分割の中で精算できるようになりました。

❷ 有価証券

(1) 上場株式等の証券会社で保管している有価証券

　証券会社によって若干異なりますが、おおむね以下のとおり預貯金の払戻手続きと同様の手順でなされます。詳しくは、当該証券会社に電話等で問い合わせると間違いありません。

① 　証券会社からの通知書や資料を相続人から預かります。インターネット上で口座開設されている場合には、紙製の書類がまったくないこともありますので、遺言者が使用していたパソコン、スマートフォン等の端末やエンディングノート等をよく確認してもらいます。

② 　証券会社に連絡して手続書類を送ってもらい、必要書類を揃えます。取得者がその有価証券を売却するにせよ、保有継続するにせよ、いったん取得者名義の口座に全部移管されることになります。取得者がその証券会社で口座を開設していなければ、新たに口座を開設しなければなりません。新規口座開設は遺言執行者ではできないので、本人にやってもらいます。

③ 　取得者が移管後に売却する場合には、遺言執行者ではできないので、本人にやってもらいます。

(2) 未上場株式

　未上場株式の場合は、当該株式発行会社に連絡し、遺言執行者が株主名簿の書換請求（会社法133①）を行い、書換え後の株主名簿をチェック又はそれに準じた方法で執行完了を確認することになります。

　譲渡制限株式の特定遺贈の場合には、株式譲渡承認請求（会社法

137 ①）もあわせて行い、譲渡が承認されない場合にはその会社に株式を買い取ってもらうことになります（会社法 140）。

譲渡制限株式の包括遺贈の場合には、上記のような承認を得る必要はありません。後に、その会社の人から株式の売渡請求を受ける場合がありますが（会社法 174）、その対応は取得者本人にやってもらうことになります。

❸ 不動産

(1) 移転登記手続き

遺言書に基づく不動産の移転登記は、申請者が直接法務局で手続きをすることもできなくはありませんが、迅速かつ確実な処理のために司法書士に依頼することをお勧めします。

主な必要書類は、以下のとおりです。

① 「相続させる」遺言の場合の主な必要書類
- 遺言書
- 遺言者の死亡が記載されている戸籍（除籍）謄本
- その不動産を取得する相続人の戸籍謄本と住民票
- 固定資産評価証明書
- （司法書士に依頼する場合）登記委任状

② 遺贈の場合の主な必要書類
- 遺言書
- 遺言者の死亡が記載されている戸籍（除籍）謄本
- 遺言執行者の印鑑証明書
- その不動産を取得する受遺者の住民票
- 登記識別情報（又は登記済証）
- 固定資産評価証明書

- （司法書士に依頼する場合）登記委任状

(2)　民法改正による注意点

　民法改正により、「相続させる」旨の遺言により不動産を相続した場合、法定相続分を超える部分の相続については、登記をしなければ共同相続人以外の第三者に対抗することができないことになりました。

　どういうことかというと、例えば遺言書で長男が自宅土地建物を相続したにもかかわらず、その相続登記をする前に次男に金を貸している債権者が次男の法定相続分について自宅土地建物を差し押さえてしまったというような場合が想定されます。

　従来は、そのような場合でも長男が次男の債権者に勝つことができたのですが、民法改正によって、長男が先に相続登記をしていないと長男が負けてしまうことになったわけです。

　遺言執行者としては、このような事態にならないよう、早期に遺言書に基づく移転登記手続きを行う必要があるといえます。

(3)　農地の遺言執行

　農地は、農業生産を促進し国民に安定した食料供給を行うという目的から、原則として農業委員会の許可がなければ所有者を変えることができないとされています（農地法3）。

　ところが、相続の場合は、
・法定相続人が取得する場合
・法定相続人以外の者が包括遺贈によって取得する場合
に限り、例外としてこの許可が不要とされています（ただし、相続開始を知ってから10か月以内に農業委員会への「届出」をすることが必要）。

　一方で、

・法定相続人以外の者が特定遺贈によって取得する場合
には、この許可が必要です。

　包括遺贈は「遺贈の対象が遺産の割合（全部、〇分の１等）で書かれているもの」で、特定遺贈は「遺贈の対象が特定の財産とされているもの」と考えてください。

　ややこしいところですが「法定相続人以外の者」に「特定の土地（農地）を遺贈する」という遺言の場合だけ、気を付けましょう。

　農業委員会に許可を申請しても、審査に通らなければ許可が得られない場合もあります。その場合には、遺言書に書かれていても所有権を移転することができませんので、遺言執行は不能となります。農地の相続の場合は、遺言書作成の段階から上記の点に気を付ける必要があるといえます。

⑷　借地権の遺言執行

　遺言書に「借地上の建物」あるいは「借地権そのもの」が記載されている場合、借地権が遺言執行の対象になります。

　そして、この場合、「遺言執行者が地主との間で交渉をして、遺言書でその借地を取得した新たな借主のために借地契約を結んだり、地主の承諾を得たりしなければならない」かどうかが大きな問題となります。

　結論だけ述べると、上記のような手続きが不要なのは、次の場合です。

・遺言書に「特定の法定相続人に借地権を相続させる」と書かれている場合

　一方、次のいずれかの場合には、上記のような手続きが必要となります。

・遺言書に「特定の者に借地権を遺贈する」と書かれている場合

　この交渉の中では、借主が替わることについての地主の承諾料や

名義変更料の金額が問題になることもよくあります。また、地主との交渉が難航して承諾が得られない場合は、遺言執行者が「借地権譲渡の承諾に代わる許可」を求める裁判手続きをとることになりますし（借地借家法19）、地主の承諾が得られないまま、建物の名義変更や遺言書による取得者への引渡しをしてしまうと、地主から建物収去土地明渡し等の裁判を起こされることもありますので、注意が必要です。

　借地の相続の場合も、農地と同じく、遺言書作成の段階から上記の点に気を付ける必要があるといえます。

⑸　不動産を売却して代金を分配する遺言執行

　遺言書の中で、遺産である不動産を第三者に売却して、その代金から諸費用を差し引いた利益を相続人らに分配すると定められていることがあります。

　この場合、遺言執行者は何をどのように進めたらよいのでしょうか。

　まずはその不動産を売却するために、不動産業者に頼んで買い手を探しましょう。誰にいくらで売るのかどうかは、利益の分配を受ける相続人らの同意を得る必要はなく、遺言執行者が決めて進めることができます。

　また、登記については、司法書士に依頼した上で、①相続を登記原因とする所有権移転登記、②売買を原因とする所有権移転登記の2段階を経由することが必要ですが、いずれも相続人らの協力がなくても遺言執行者がその権限によって単独で進めることができます。

　もっとも、買い手探しの経過、売買契約から登記手続きまでのスケジュール、利益の分配に至った計算過程やその資料（売買代金がいくらで、具体的にどのような経費がかかったかなど）については、

適宜のタイミングで遺言執行者から相続人らに報告をしながら進めることが必要です。

(6) 配偶者居住権の遺贈

配偶者居住権とは、相続開始時に遺産である不動産に居住していた配偶者が、「遺贈・死因贈与」「遺産分割協議」「遺産分割審判」のいずれかにより、その不動産に終身無償で住み続けることができるという権利のことで、民法改正により令和2年4月1日から施行されました。

対象となる不動産は何でもよいわけではなく、被相続人と配偶者以外の第三者が共有者に含まれている不動産には配偶者居住権を設定できません。

遺言書で配偶者居住権の遺贈がされている場合、遺言執行者が配偶者居住権の登記手続きをします。施行から日も浅く、まだまだマイナーな登記原因といえますので、相続に詳しい司法書士を探して依頼するとよいでしょう。

4 自動車

自動車は、遺言によって取得する人の居住地を管轄する運輸支局又は検査登録事務所で名義変更手続きを行います。

主な必要書類は、以下のとおりです。詳しくは、当該運輸支局又は検査登録事務所に確認してください。

- 移転登録申請書
- 遺言書
- 車検証
- 移転先の車庫証明書

5 その他

(1) ゴルフ会員権

　まずは、ゴルフ会員を取得する相続人又は受遺者に「退会」「名義変更」のいずれかを選択してもらいます。

　次に、そのクラブに連絡して手続書類を送付してもらい、資料を揃えていくことになりますが、ゴルフクラブは会則によってさまざまで、そもそも相続が予定されていない場合もありますので、注意が必要です。

　ゴルフクラブの経済事情の変化によって、預託保証金が満額返還されない場合もありますが、遺言執行者がそれを取り立てるためにゴルフクラブ側と交渉する必要はありません。

　会則を取り寄せて読んでみても腑に落ちない点がある場合は、法律専門家に相談してみるとよいでしょう。

(2) 祭祀承継者指定

　祭祀承継者の指定については、祭祀財産に当たる物（系譜、祭具、墳墓）を、祭祀承継者に指定された相続人に引き渡したり、必要があればお墓の管理者を名義変更したりする手続きが必要になります。お墓の運営者・所有者であるお寺や霊園に直接問い合わせて手続きを進めていくことになります。

　指定された人は、遺言執行者の就任の場合と異なり、就任すること自体を拒否できませんが、いったん就任した後に、承継した祭祀財産をどのように処分しようとも自由とされています。

⑶　生命保険金の受取人の変更

　生命保険金の受取人は遺言書によって変更することも可能です（保険法44①）。

　遺言執行者としては、就任後すみやかに保険会社に連絡し、遺言書と保険証券を示して受取人が変更されたことを通知しなければなりません（保険法44②）。この通知が遅いと、保険会社は受取人の変更を知らずに変更前の受取人に保険金を支払ってしまう可能性があります。その場合、保険会社は免責され、新たな受取人に保険金を支払う義務はなくなりますので、遺言執行者は任務懈怠を問われかねません。

　一般的に、死亡保険金は被保険者（遺言者）の死亡後、早い時期に請求されることが多いので、死亡保険金の受取人を変更する旨の条項入りの遺言書の遺言執行者としては、特に気を付ける必要があります。

　なお、上記保険法の規定は平成22年4月から施行されており、それ以降の保険契約についてのみ適用されるので、契約時期との関係で受取人の変更が有効なのかどうかも併せて保険会社に確認してみてください。

⑷　貸金庫の開扉

　亡くなった方が金融機関に貸金庫を借りていた場合、その開扉をするには、まずその金融機関に問合せをする必要があります。

　そして、預貯金の解約と同じく所定の書類をそろえて提出します。

　遺言書に遺言執行者の権限として「貸金庫の開扉」が記載されていればスムーズですが、そのような記載がない場合はどうしたらよいでしょうか。

　遺言執行者の権利義務とされている「遺言の内容を実現するため、

相続財産の管理その他遺言の執行に必要な一切の行為」（民法 1012
①）に貸金庫の開扉が含まれるかというと、微妙な面があります。

　預貯金の解約払戻しと異なり、金融機関のほうでも遺言執行者による貸金庫の開扉手続きについて慣れているとは限りません。

　金融機関の判断によっては、遺言執行者には貸金庫の開扉をする権利がないとして、相続人全員の立会い又は委任状が必要だと言われてしまうこともあり得ます。

　また、貸金庫の開扉の場合には、その支店の貸金庫室まで実際に足を運ばなければならないため、日程調整も必要になってきますので、遺言執行者としては、相続人らから遺言者が契約していた貸金庫の有無をできるだけ早めに聴取して開扉手続きにとりかかるべきといえます。

　開扉をする時には、その場で貸金庫の内容物を出すところを動画や写真で撮影しておき、後に相続人らに報告できるよう準備しましょう。

○よくある質問

> **Q**
>
> 　遺言者が銀行と契約していた貸金庫を開けて中に入っている遺産を「その他一切の財産」の取得者に渡したいと思っています。気を付けるべきことがあれば教えてください。

A　貸金庫の開扉については、その銀行の預金の解約払戻手続きをするのと同時に申し入れると簡便です。その際、相続人から鍵を預かって持参するとよいでしょう。鍵を紛失しており持参できない場合には、鍵交換費用が別途かかります。

　　開扉する際には、できればその内容物の取得者に同行しても

らうことが望ましいのですが、それが困難な場合は、カメラや
ビデオを持参し、開けた瞬間の画像や動画を撮っておくとよい
でしょう。また、貸金庫の内容物について目録を作成しておく
ことを忘れずに。

(5) その他

　遺言書の内容はさまざまですので、これまでに挙げたもの以外の
債権や動産の分配、あるいは遺産の分配以外の遺言条項が含まれて
いる場合も多々あります。

　債権の場合は、金融機関への問合せと同様で、まず債務者に連絡
を取り、相続が生じたことと自分が遺言執行者であることを告げて、
相続手続きに必要な書類を送ってもらうことが基本的な作業となり
ます。

　そして、債務者に対して以下のような債権譲渡通知書を内容証明
郵便（配達証明付き）などの追跡可能な方法で送っておきましょう。

●遺言による債権譲渡通知書

遺言による債権譲渡通知書

令和6年○月○日

遺言者△△△△遺言執行者○○○○

　遺言者△△△△（令和5年○月○日死亡）が貴殿に対して有
していた令和○年○月○日付け金銭消費貸借契約に基づく○万
円（弁済期：令和○年○月末日）の貸金債権は、平成○年○月

○日付け公正証書遺言第○条により、下記の相続人（※又は受遺者）□□□□が相続（※又は遺贈）により取得しましたので、本書面をもって、その旨を通知いたします。

　なお、今後、上記債権に関するお問い合わせは、直接□□□□までお願いいたします。

　　相続人（※又は受遺者）

　　　住所　＿＿＿＿＿＿＿＿＿＿＿＿＿＿＿＿＿＿＿

　　　氏名　＿＿＿＿＿＿＿＿＿＿＿　＿＿＿＿＿

　　　生年月日＿＿＿＿＿＿＿＿＿＿＿＿＿＿＿＿＿

　動産の場合は、その物の引渡しが必要になります。遺言執行者としては、引き渡したことを後で証明できるように「受領書」又は「領収書」を用意して、引き渡した相手から署名押印をもらっておくとよいでしょう。引渡しの方法は、現実の運搬を伴う方法のほか、取得者の指定する場所に置いておくという方法もあります。

　遺産の分配以外の遺言条項については、どのようにその条項を解釈したらよいかや、どのような方法で執行したらよいか迷う場合も少なくありませんので、そのような場合には法律専門家に相談するとよいでしょう。

●途中経過の報告書

遺言執行経過のご報告

令和6年○月○日

遺言者△△△△遺言執行者○○○○

　現在、▲▲▲▲司法書士に依頼して、相続人◇◇◇◇様が遺言書により取得された不動産の相続登記手続きが完了し、順次、他の相続人○名様の分の手続きにとりかかっております。本年○月上旬には登記完了となる見込みです。

　金融資産につきましては、××銀行分は解約払戻手続きが完了し、他の金融機関分につきましては手続中です。振込先口座や取得金額等の詳細は、取得される相続人の皆様に個別に連絡させていただきます。

　引き続きご協力のほど、どうぞよろしくお願いいたします。

8 負担付遺贈の遺言執行

「負担付遺贈」とは、例えば、「長男Aに全遺産を相続させる。その代わり、Aは遺言者の妻Bに対して終身にわたり忠孝を尽くして扶養し介護を行うものとする」など、遺産を受け取る者が一定の負担（義務）を一緒に負うことをいいます。

この場合、遺産の所有権がAに移転する時期は相続開始時であり、「その代わり」以下の負担の部分は、Aが遺産を受け取った後に履行すればよいことになります。

民法では負担付遺贈について、次のような規定があります。

■民　　法

（負担付遺贈に係る遺言の取消し）

第1027条　負担付遺贈を受けた者がその負担した義務を履行しないときは、相続人は、相当の期間を定めてその履行の催告をすることができる。この場合において、その期間内に履行がないときは、その負担付遺贈に係る遺言の取消しを家庭裁判所に請求することができる。

遺言執行者としては、Aに遺産の所有権を移転させれば遺言執行を終了させてよく、Aが負担した義務をきちんと履行したかどうかまで見届ける必要はありません。

その後に長男AがBを扶養しないとか、虐待するなどの行為（負担した義務の不履行）に及んだ場合、他の相続人は家庭裁判所に対して遺言の取消しを請求することができます。

もっとも、「AはBに10年間忠孝を尽くして扶養し監護したが、

ここ半年ほどBと不仲になっている」という場合には、全部について取消しが認められるのではなく、一部についてのみ認められるだけかもしれません。

　この「遺言の（一部）取消し」についても、職務終了後のことであれば遺言執行者の関与は不要です。

⑨ 相続債務の取扱い

　相続債務は、遺言者が亡くなったのと同時に相続人に法定相続分どおりに帰属すると考えられています。したがって、遺言執行や遺産分割の対象とはなりません。

　ただ、遺言の中で、例えば「遺言者の全財産をもって、全債務を弁済した残額を長女Aと次女Bに各2分の1の割合で相続させる」などと定められている場合には、遺言執行者が遺産の中から債務を弁済した残額を分配して執行することになります。

　また、遺言執行者は、遺産のうちマイナスの財産（相続債務）がプラスの財産を上回って債務超過が生じていることが明らかになった場合には破産申立てをしなければなりません（破産法224②）。そのような場合には、相続コンサルタントが1人で対応するのは困難なので、弁護士に相談するとよいでしょう。

10 遺産の取得を辞退された場合

■ 相続人や受遺者の取得分が割合で決められている場合

　例えば、「遺産の 10 分の 1 を友人 A に遺贈する」「遺産の 5 分の 4 を長男 B に相続させる」というような場合がこれに当たります。

　この場合は、いずれも遺言者が亡くなったことを知った時から 3 か月以内に家庭裁判所に「遺贈の放棄」又は「相続放棄」の申述をすることになります（民法 915、938）。

　3 か月以内であっても、遺産の一部を受け取り処分したような場合には単純承認したとみなされて放棄できなくなります（民法 921）。

　なお、3 か月という期間内に決め難い場合には、期間の延長を申請することもできます（民法 915 ①ただし書）。

　遺言執行者としては、相続人や受遺者に対して、法的手続きである放棄のアドバイスをする義務はありませんので、このようなケースで辞退された場合には、法律専門家に手続きの相談に行くよう勧めてみるとよいでしょう。

■ 特定の物の遺贈

　例えば、「特定の不動産を友人 A に遺贈する」というような場合がこれに当たります。

　受遺者である友人 A は、時期の制限なく、遺言者の死亡後であればいつでもその遺贈を放棄することができます（民法 986 ①）。

この場合の遺贈の放棄は、遺言執行者に対して告げればよいのですが、そのことを明確にするため、遺言執行者としては受遺者に遺贈を放棄する旨を書面に書いてもらい、署名押印（実印）させ、印鑑証明書を受け取っておくべきでしょう。

③　特定の物を相続させる旨の遺言

　例えば、「特定の不動産を長男Bに相続させる」というような場合がこれに当たります。
　この場合、長男Bは、相続放棄をして初めから相続人とならなかったものとすることができます。その場合、「これはいるけど、あれはいらない」といった選り好みはできないことになっているので注意が必要です。

11　遺言書に書かれていない遺産の帰属先

　遺言執行を進めていくと、「あれ？　遺言書に書いていない遺産がある」ということに気づく場合があります。
　例えば、預貯金と不動産については遺言書の中で取得者が決められているのに、自動車についてはどこにも触れられていないというような場合です。
　遺言書によっては、「その他一切の財産を○○に相続させる」など、漏れがないようにする規定が入っているものもありますが、このような規定もない場合、その遺産は「未分割の遺産」になり、相続人が別途遺産分割協議によって分割するべきものになります。
　したがって、遺言執行の対象にはなりませんので、相続人全員に

そのことを説明しておくべきでしょう。

12 遺言執行業務を行うに当たってのポイント

１ 中立・公平に執行する

　遺言執行者は、特定の相続人や受遺者の代理人ではなく、すべての相続人や受遺者に対して中立・公平に遺言を執行すべき立場にあります。

　窓口となる相続人を決めて、主にその人と連絡を取ることは問題ありませんが、上記の「中立・公平」をいつも頭の中で唱えて、他の相続人や受遺者の不審を招かないよう心懸けましょう。

２ 遺言書に書かれていないことはしない

　遺言書は遺言執行者に対する業務指示書です。そこに書かれていることは間違いなく執行する必要がありますが、逆に、遺言書に書かれていないことまでやらないよう注意が必要です。

　例えば、以下のようなことです。

- 「遺言者が生前に言っていたこと（遺言書には書かれていないこと）」を実現する。
- 第三者への貸金など遺産となっている債権の取立てをする。
- 生命保険金の受領手続きをする（遺言執行者が保険会社の担当者なら OK ですが、それは「遺言執行業務として」の行為ではありません）。

- 税務申告のアドバイスをする（遺言執行者が税理士で相続税申告を依頼されているなら OK ですが、それは「遺言執行者として」の行為ではありません）。
- 遺言書どおりに分配した不動産を売却する（遺言執行者が不動産会社なら OK ですが、それは「遺言執行者として」の行為ではありません）。
- 遺言書に書かれていない遺産についての遺産分割協議を調整しようとする。
- 相続人間の遺留分を調整しようとする。
- 相続人間の困りごとや諍いを仲裁しようとする。

3 　1人で全部処理しようとしない

　遺言執行者の業務は、亡くなった人の財産を複数の人に分配するということが主たる業務ですが、進めていく中で思わぬことがあちこちに潜んでいるものです。損害賠償と隣り合わせといっても過言ではありません。

　1人で全部抱え込もうとせず、相続人への報告、関係者への問合せ、補助者の使用、士業などの専門家への相談といった他者とのコミュニケーションが肝要です。

13　業務終了の通知

　業務が終了したら、相続人に終了通知書を出すことになります。これは、遺言執行者について民法の委任の規定が準用されていることから、相続人に対する報告書という意味合いを持っています。

財産の分配については、その都度、取得者に報告しているはずですが、取得者ではない相続人にも遺言書どおり執行を終えたという概要がわかるようにする必要があります。

●遺言執行業務の終了通知書の例

遺言執行業務の終了通知書

令和×年〇月〇日

故〇〇〇〇様遺言執行者　　□□　□□

　小職は、遺言執行者として、故〇〇〇〇様（令和×年×月×日死亡）の平成〇年〇月〇日付け公正証書遺言の執行を行い、本日すべての業務を終了いたしましたことを相続人の皆様に通知いたします。

　具体的な業務の内容は、①上記遺言の第〇条に基づく相続人〇〇様への不動産の移転登記手続き、②同第△条に基づく預貯金の解約払戻しと指定相続分に従った相続人の皆様への分配、③同第□条に基づく相続人◇◇様への株式会社××の株式の名義変更手続きです。ご不明の点がございましたら小職までお問い合わせください。

　遺言執行業務の終了に伴い、上記遺言の第×条及び平成〇年〇月〇日付け遺言執行報酬に関する合意書に基づく遺言執行報酬請求書を本書面に同封させていただきますので、今月末までにお支払いくださいますようお願い申し上げます。

14 報酬請求

　遺言書又は遺言報酬確認書等の遺言者との取決めに基づき、遺産を取得した相続人又は受遺者に個別に報酬や立替金の請求をします。

　場合によっては、相手の同意を得たうえで、個々の遺産の分配時に遺言執行者の報酬や立替金を精算する方法によってもよいでしょう。

経費明細書

日付	宿泊費	交通費	印鑑証明取得費	通信費	銀行手数料	その他	合計
30.3.13			¥300				¥300
30.3.13					¥1,080		¥1,080
30.3.27					¥540		¥540
							¥0
							¥0
							¥0
							¥0
							¥0
							¥0
							¥0
集計	¥0	¥0	¥300	¥0	¥1,620		¥1,920
					合計		¥1,920

備考：

COLUMN

認知症対策に役立つ生命保険

　相続対策は基本、以下の三つから成っていると、数年前までは
お話していました。

① 相続税対策

② 節税対策

③ 遺産分割対策

　それにプラスして、相続診断士である筆者は「④　笑顔相続対
策」としてきたのですが、最近では④に「認知症対策」が入り、「⑤
笑顔相続対策」と説明するようになりました。これは、認知症に
よる資産凍結リスクが増してきているからです。

　実際、三井住友信託銀行株式会社の推計によると、2020年に
認知症高齢者が保有する資産は約250兆円、高齢化に伴い2040
年には約345兆円になるそうです（参照：https://www.smtb.
jp/-/media/tb/personal/useful/report-economy/pdf/121_1.pdf）。

　では、この凍結リスクにどう対応するかですが、これには生命
保険が役に立ちそうです。

　金融資産の中でも定期預金・株式投資などは、「認知症で判断
能力がない」とされた場合、資産が凍結して解約や運用指図がで
きなくなります。それに対して、介護付きの変額保険や年金保険
であれば、資産を増やしながらも凍結することなく保険金を受け
取ることができるのです。

　受取人は本人のほかに配偶者や子にしておけば、いざという時
にそのお金を使用することが可能です（契約者が誰になるかに
よっては贈与となることもあるため、契約時には要注意）。

　今後は、認知症対策として生命保険の力を活用することが、選
択肢の一つとして大切です。

第4章

他業種と
相続コンサルタントの
連携

この章では、相続コンサルタントがどのように他業種と連携していけばよいかについて説明します。

1 他業種との連携全般の流れ

　相続コンサルタントが士業ではない場合、あるいは士業だとしても専門外の業務の場合は他士業に依頼する必要が出てきます。

　例えば、不動産登記は司法書士の独占業務ですから、税理士はできないことになります。

| ① | 被相続人の相続財産の内容により必要な業務を整理
・不動産売却の場合は遺品整理業・不動産業と連携
・証券口座がある場合は必要に応じて IFA 等と連携 |

| ② | 遺言を執行するに当たり、士業が必要かを確認
・不動産の相続登記があれば司法書士 |

　相続発生後の遺言執行業務の流れについては第3章で説明していますので、そちらを参考にしてください。

　では、具体的に他業種との連携についてみていきましょう。まずは士業からです。

1 士　業

(1)　税理士

　遺言書の作成時点で、相続税がかかるかはある程度予測がつくと思いますが、実際には遺言者が亡くなった時の財産が基準になります。

　その時点で相続税がかかることが見込まれれば、税理士と連絡を取り（相続人に相続税申告に詳しい税理士の当てがなければ、紹介することも検討）、財産目録の作成を依頼します。

　遺言執行者が以下のような作業を分担することも考えられます。実際には、当該税理士との協議で分担して進めるとよいでしょう。

① 税理士に必要書類一覧を提示してもらう。
② 金融資産が含まれている場合は税理士に何年分の取引明細が必要か確認し、残高証明書とともに金融機関にて取得
③ 税理士から依頼された必要書類を相続人から取得
④ 税理士に送付
⑤ 書類が揃ったら財産目録の作成依頼
⑥ やり取りは基本メールにて履歴が残るように
⑦ その後、相続税の申告については相続人と税理士とでやり取りをしてもらう（念のため、相続人の了解を得て申告書を見せてもらって執行に漏れがないかどうか確認するとよい）。

　税理士とは遺言執行に必要な財産目録の作成を中心に連携することになります。相続税の申告やその補助は遺言執行者の職務外ですので、留意してください。

　税理士に迷惑をかけないためにも、遺言執行者が分担することになった作業については、遅延なく遂行しましょう。

⑵ 弁 護 士

　相続コンサルタントは、弁護士と共同で遺言執行者として指定されることも多いので、ここでは共同就任する場合と単独就任する場合の2パターンを紹介します。

　遺言書作成の相談を受けた時点で、相続人間の紛争が予想される場合は、遺言書作成は他士業ではなく弁護士に頼むことをお勧めします。

　なぜなら、実際に生前の遺言者に会って話を聞いて経緯がわかっている弁護士が関わることで、後で紛争になった場合の対応がスムーズになるからです。

① 共同就任する場合

　共同で遺言執行者に指定されて共同で就任したほうがよいのは、遺言書作成時には紛争が予想されていたけれども、その後の家族会議等の状況の変化によって、遺言者が亡くなった時点において紛争が起こらないことが明らかとなっているような場合です。

　この場合は、戸籍の収集や通知書面の作成は弁護士の担当、銀行など金融機関の手続きは相続コンサルタントの担当というように役割分担をします。

　お互いに動きにムダが出ないように、情報交換をしっかりと行いましょう。相続人へメールなどで連絡をする場合にも、お互いを必ずＣＣに入れて進捗を共有することが望ましいでしょう。

② 相続コンサルタントが単独で就任する場合

　弁護士は遺言執行者への就任を辞退し、相続コンサルタントが単独で遺言執行者に就任したほうがよいのは、遺言者が亡くなった時点において、相続人間で紛争が起こる可能性がなお高いと見込まれる場合です。この判断は弁護士にしてもらえばよく、相続コンサルタントとしては予定どおり、遺言執行者に就任することになります。

このような場合に共同就任してしまうと、その弁護士は遺言執行者の中立性から、相続人間の争いに関与することができません。遺言書作成の段階でその弁護士との信頼関係が生まれている相続人にとっては、「こういう時に味方になってくれると思って弁護士に遺言書作成を依頼したのに……」と、不満に思うことでしょう。

　他方で、相続コンサルタントの単独就任にしておけば、実際に相続人間で遺留分侵害額請求などの紛争が起こった際に、就任を辞退した弁護士が特定の相続人の代理人となることが可能です。

●事例検討　遺言無効確認調停の申立て

　相談者は80代女性A。長女Bに無理やり自宅から遠い病院に入院させられて不本意だと、日頃から次女Cに訴えていました。

　Cは、Aの入院については疑問を感じ週に1回は見舞いに行っていました。

　ある時、長女Bに預けている通帳の残高が毎日50万円ずつ引き出されていることに気が付いたAが「全財産を次女Cに相続させる内容の遺言書を書きたい」と強く言うようになりました。

　次女Cに相談された相続コンサルタントは、相続発生後に相続人間で揉めることを予想し、ビジネスパートナーの弁護士と病院を訪ねました。

　病院の個室では点滴中で弱々しく横たわっているAと次女Cがおり、Aは「このままではBに好きなように使い込まれてしまう。財産をどうするかは自分でしっかりと遺言書を書いておきたい。入院中でも病院で遺言書は作成できますか？」と聞いてきました。

衰弱してはいましたが、しっかりと自分の意見を言うことができ、判断能力が低下しているようには見えなかったので、弁護士が「大丈夫です。公証役場の人たちに病院まで出張してもらうことも可能です」と回答し、公正証書遺言を作成することになりました。

　遺言書作成当日は公証人もＡの言動から遺言能力に問題はないと判断し、相続コンサルタントと弁護士が証人として同席、遺言書が作成されました。証人の２人は、遺言執行者としても指定されています。

　その半年後、Ａの容態が悪化して亡くなりました。遺言書作成から亡くなるまでの半年間で長女Ｂの攻撃性が強まっていったこともあり、紛争に発展する可能性が極めて高いため、弁護士は遺言執行者に就任せず、相続コンサルタント単独で就任しました。

　無事に遺言執行が終了した後、次女Ｃのもとに裁判所から「遺言無効確認調停」の書類が届きました。予想どおりの展開となったわけです。

　弁護士は遺言執行者を降りていましたから、Ｃの代理人として受任。その後、「遺言書は有効だが、次女から長女に遺留分を渡す」という内容の調停が成立して一件落着となりました。

　もし、弁護士も相続コンサルタントと共同受任していた場合、Ｃとしては生前の事情を知らない弁護士を別途探してきて依頼する必要があります。

　もちろん、そういうケースもありますが、なるべくなら１人の弁護士に一貫して頼みたいというのが人情というもの。相続コンサルタントは常に一歩先を考えて対応したいものです。

(3) 司法書士

　相続コンサルタントは、司法書士と共同で遺言執行者に就任する
場合もありますし、相続財産に不動産が含まれている場合に相続登
記を依頼する場合もあります。

　弁護士と違って司法書士は紛争に関与する可能性がないので、共
同で遺言執行者に指定された場合には、常に共同就任となります。
この場合は、上記(2)①と同様ですので説明は割愛します。

　次に、相続登記について説明します。

　相続財産の約40％前後を不動産が占めていますから、遺言執行
者であるかどうかを問わず、司法書士に相続登記を依頼するケース
は少なくありません。

■ 相続財産の金額の構成比の推移

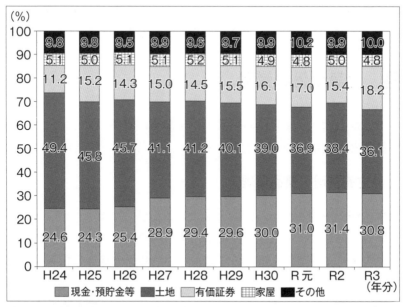

（出典）　国税庁資料

① 必要書類については第3章の69ページ参照。

② 法務局での登記申請手続きは、司法書士が行います。

③ 登記済書類の交付。

　以上が大まかな流れですが、完了までに2週間くらいかかることが通常ですので、全体の段取りをよく考えて遺言執行を進めるよう注意しましょう。

(4)　行政書士

　相続コンサルタントは、行政書士と共同で遺言執行者に就任する場合もあります。

　行政書士は紛争に関与する可能性がないので、共同で遺言執行者に指定された場合には、常に共同就任となります。この場合は上記(2)①と同様ですので、説明は割愛します。

　「揉める心配がなく、かつ、遺産に不動産が含まれていないか、不動産があっても自宅のみという場合には行政書士と共同就任するようにしている」という相続コンサルタントもいます。

2　士業以外の業者

　ここからは、士業以外の終活・相続業務に関係の深い業者や資格保持者との連携について説明します。

(1)　生前整理・遺品整理業

　生前整理や遺品整理の相談を受けることがあります。

　生前であれば、本人から直接依頼する場合と、本人が介護施設などに入所していて自宅に戻る予定がないため、家族から依頼する場合があります。

　生前整理の際に、本人が指示できる場合は、信頼できる業者を紹

介し、できるだけ本人と業者との間で進めてもらいます。家族からの依頼や遺品整理の場合も同様ですが、こうした業者を選ぶ場合のポイントは次のとおりです。

- 依頼者の気持ちに寄り添うことができる。
- 売れる物で本人やご家族が売ってもよいと思う物は適正な価格で売却し、全体の費用を抑えるように配慮してくれる。
- 家の中から金品が見つかった場合に誠実に対応してくれる。
- 遺品の場合は特に取扱いが丁寧で、遺族の感情を害しないような配慮ができる。

(2) 不動産業者

　不動産を売却し、その代金を等分して相続させたいという遺言書の内容である場合には、不動産業者との連携が必須です。

　不動産業者と相続は密接な関係があり、遺言執行以外でも、遺留分侵害があるため不動産を売却して遺留分相当額を支払う必要がある場合や、相続税の支払いのために不動産を売却する必要がある場合など、相続コンサルタントとしては不動産業者との連携が必須です。

　特に、相続税の支払いが絡んでいるケースでは相続が発生して10か月以内に売却の必要が出てきます。相続税の支払いが絡んでいるからといって、時価よりも安い価格で売りたたくような不動産業者はお勧めできません。

　ただ、限られた時間の中で売却を依頼することになるため、どうしても時価より安くなるケースはあります。

　その場合に、なぜこの価格になってしまうのかをしっかりと説明してくれる、信頼できる業者が望ましいでしょう。

　日頃からそういう不動産業者とタッグが組めるようにアンテナを張って探しておくと、いざという時に慌てなくて済みます。

COLUMN
信頼できる不動産業者とは

　遺産分割協議が終わり、どうしても不動産の売却をして他の相続人に売却代金の一部を代償金として支払う必要のある後妻のMさんがいます。亡夫の遺品の整理が進まないため、不動産を売却しようにもできずに他の相続人の代理人である弁護士から督促が来るようになりました。

　自宅は3階建ての広い家で、大量の家財と亡夫の趣味の茶道具や書画・骨董品の数々が所狭しと置いてあります。

　「引っ越し業者が骨董品の1つを傷つけてしまった」という理由でキャンセルしてから作業は一切進まず、箱が山積みになった部屋はどこから手をつけたらよいかわからないような有様でした。

　この時、不動産の売却を依頼していた不動産業者が取引のある遺品整理業者を紹介してくれ、さらに遺品の片付けにもアドバイスをしてデリケートな物を片付けるために手伝いの人も出してくれました。

　紹介された遺品整理業者は思い出の品を丁寧に箱に片づけていき、時に慰め時に励ましてくれたそうです。しかも書画の間から古い切手が出てきたものをきちんとファイリングして渡してくれたのです。普通の引っ越し業者なら気が付かずに箱詰めしてしまったでしょうし、そうすればMさんはそのまま廃棄してしまっていたかもしれません。

　次第にMさんも重い腰を上げて遺品の整理に取り掛かり、遺言執行者である相続コンサルタントも他の相続人も本当にとても助かりました。不動産業者と一言にいっても、いろいろだと思います。

　この業者のように信頼できる遺品整理業者と提携しているうえ

に、自らも遺品整理を手伝ってくれるところばかりではありません。最近は相続に強い不動産業者も増えてきたとはいえ、ここまでしっかりと対応してくれる業者はなかなか見つからないかもしれません。

　頼りになる不動産業者とビジネスパートナーになれると、本当に心強いです。

(3)　FP・IFA

　この項は、遺言執行そのものとは少し離れた話になります。

　超低金利のため、銀行などの金融機関に預けても資産が増えない時代です。相続人が「せっかくまとまったお金を相続したので、何かに投資したい」と考える場合があります。その一方で、株式や債券などが相続財産に含まれていても相続人はまったくそういうことに無頓着で、証券口座すら保有していない場合もあります。

　こんな時に頼りになるのがFP（ファイナンシャルプランナー）やIFA（独立系ファイナンシャル・アドバイザー）です。

　ただ維持しているだけでは、せっかくの相続財産がもったいないという場合には、相続人にIFAを紹介します。

　FPの場合は、二次相続対策や非課税枠の利用の時に生命保険を活用することがある場合などに紹介します。もっとも、相続対策における生命保険に詳しいFPでないと、間違った保険商品を提案してしまうこともあります。

　できれば、相続診断士などの資格を持ち、相続に詳しいFPと付き合うようにしましょう。

　また、自分の手数料稼ぎのために過度な取引をさせるのではなく、顧客の立場に立ち、適切なアドバイスと誠実な対応を心がけている人と連携することをおすすめします。

まずは証券口座の開設から

相続財産がドンドン目減りしていくという最悪の状況に陥った相続人がいました。相談に乗ったときには、すでに株価が2分の1になっており、このままではさらに減る恐れがありました。

粉飾決算で株価が毎日のようにストップ安という状況なのに、売ることができないのです。それもそのはず、相続人は証券口座を持っていなかったため、亡父の株の売却ができないのです。

早急に同じ証券会社に証券口座を開設することをアドバイスし、その後は信頼できるIFAを紹介しました。IFAは書類の取寄せから記入のしかたまで丁寧に教えてくれたと、後日報告がありました。

さらに運用も任せたところ、ほぼ損失分が取り戻せたという報告まで入りました。

いつもこんなにうまくいくとは限りませんが、丁寧に対応した結果、信頼を得て資産運用を任されるということはあると思います。

(4) 終活カウンセラー

「終活」というと生前にするものというイメージがあり、遺言執行者の業務とは直接関係なさそうですが、遺言書に祭祀承継者指定が含まれている場合などには、アドバイスを求めるとよいでしょう。

また、遺言執行者のもとには、お墓や葬儀の仕方についての相談も事実上舞い込みます。

もちろん、遺言執行者の職務外だと言ってお断りすることもできますが、終活カウンセラーを紹介することで問題が解決することが

あります。

　最近は「墓じまい」をしておきたいという人や、葬儀の仕方にこだわりがあったり、「おひとり様」の場合では、樹林墓や海洋散骨を希望する人もいます。相続コンサルタント自身が、葬儀社や散骨業者と取引があるとは限りません。

　その際には、一般社団法人終活カウンセラー協会に連絡をして、信頼できる業者を紹介してもらうのもよいかもしれません。

COLUMN
「夫と同じ墓に入りたくない」と言われたら

　夫と同じ墓に入りたくないという人が増えていることをご存知ですか？

　「死後離婚」といって、読んで字のごとく配偶者の死後、戸籍から離縁することをいいますが、役所に『姻族関係終了届』を提出すれば可能です。死後離婚をすれば、同じ墓に入ることはなく、残った人は（元）配偶者の墓を管理したり、高齢の義両親の面倒を見る必要もなくなります。

　この死後離婚、年々増加しているそうです。そこまでやらないにしても、夫の墓に入りたくないという女性も増えています。夫婦仲や姑との関係が悪く、死後まで一緒の墓に入りたくないということが理由の一つのようです。知らない土地の住んだこともないお墓に入りたくないからという理由の人もいるようです。

　そういう相談に乗るのは切ないものですが、相談された以上は、なぜそういう思いに駆られたのかをしっかりとヒアリングし、適切なアドバイスを行いましょう。

　場合によっては、このことが争族の火種になるかもしれません。事前に子どもとはよく話し合って理解をしてもらうか、せめてエ

ンディングノートに配偶者と同じ墓にどうしても入りたくない理由を書いておいてもらいましょう。

　最近は、寺や霊園も、従来の伝統的な家族観にとらわれずに、本人の生前の遺志を尊重した葬儀や埋葬をしてくれるところが増えているようですので、元気なうちに探して予約・購入しておくのもよいかもしれませんね。

■ 婚姻関係終了届と復氏届の推移

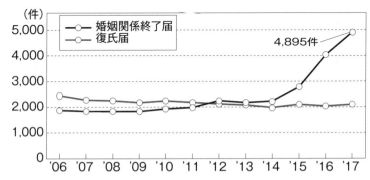

「復氏届」と「婚姻関係終了届」の届出数（法務省「戸籍統計 統計表」をもとに作成）

■ 配偶者と同じ墓に入りたいか

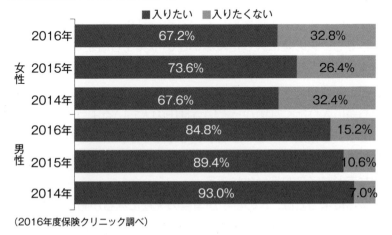

（2016年度保険クリニック調べ）

姻族関係終了届

平成２３年１２月２５届出
※届出日を記入してください
埼玉県春日部市長　殿

受理	平成　年　月　日		発送	平成　年　月　日
第　　　号			埼玉県春日部市長　印	
送付	平成　年　月　日			
第　　　号				
書類調査	戸籍記載	記載調査	附票	住民票	通知	

（よみかた）	かすかべ		はなこ	
姻族関係を終了させる人の氏名	氏		名	
	春日部		花 子	大正・昭和・平成 ４３年 １０月 １０日生

住　　所	埼玉県春日部市中央　６	丁目	2 番地 番　号
（住民登録をしているところ）	（方書・マンション名）		
	よみかた 世帯主の氏名	かすかべ　はなこ 春日部　花子	

本　　籍	埼玉県春日部市金崎　８３９	丁目	番地 １ 番
	筆頭者の氏名　春日部　一郎		

死亡した配偶者	氏　名　春日部　一郎	平成 ２０年 １１月 １１日死亡
	本　籍　埼玉県春日部市金崎　８３９　丁目	番地 １ 番
	筆頭者の氏名　春日部　一郎	

その他	

届出人署名押印	春日部　花子	印

※持参するもの　印鑑
※本籍地以外に届出する場合は戸籍全部事項証明書（戸籍謄本）を添付してください。

連絡先	電話　　048(736)ＸＸＸＸ
	自宅・携帯・勤務先・呼出

(5) 相続診断士

　相続診断士という資格取得者が相続コンサルタントになっている
ケースは多いと思われます。筆者らも、相続診断士の資格を取得し
ています。

　相続診断士の役割は「相続」が「争族」にならないために、笑顔
で相続を迎えるお手伝いをすることです。相続診断士の理念からも
相続コンサルタントの仕事とは相性が良いですし、遺言執行者を受
任するにも親和性があると思われます。

　ぜひ、積極的に遺言執行の仕事を受任し、信頼できる士業とビジ
ネスパートナーとなり笑顔相続の普及に尽力してください。

2 エンディングノートの活用

　❶では、主に士業をはじめとする他業種と相続コンサルタントの
連携について説明してきました。

　連携は何も人に限ったことではありません。相続コンサルタント
として大切なアイテムについてもご説明しましょう。

　相続コンサルタントの仕事をしていれば「エンディングノート」
について知らないという人はいないと思われます。どういう意図で
遺言書を作成したのか、財産の分割の理由は何だったのかなど、付
言をさらに膨らませた部分がエンディングノートだと考えていま
す。

　それだけではなく、親がどのような想いで今まで生きてきたのか、
どのような価値観を持っていたのか、親の歴史を知ることができた
り、子への愛情を再確認するためにも有効なツールです。

親が生きてきた時代と子が生きている時代には、大きな隔たりがあるのが一般的です。法改正や社会の変遷をはじめ、価値観も大きく変わっています。相続コンサルタントの仕事は、そういう時代に生きてきた人を相手にしている仕事でもあるのです。

　遺すものは財産だけではないはずです。それに、どのように財産を遺し相続税を減らすことに成功したとしても、遺された家族が争ってしまっては、何のための相続対策だったのかわかりません。

　相続コンサルタントの皆さんには、想いや考え方、生き様こそを遺し、家族が揉めないためのツールとしてエンディングノートの活用をお勧めしてほしいと思います。

■ 各専門家の遺産相続の業務対応表

項目／相続専門家	司法書士	税理士	弁護士	行政書士
1．相続人の調査（戸籍集め）	○	○	○	○
2．相続財産の調査	○	○	○	○
3．遺産分割協議書の作成	○	○	○	○
4．相続人代理人の法令根拠	○		○	
5．相続不動産の名義変更登記	○			
6．家裁への遺言検認手続き	○		○	
7．家裁への特別代理人申立て	○		○	
8．家裁への相続放棄申立て	○		○	
9．家裁への遺産調停申立て	○		○	
10．相続税の申告手続き		○		
11．遺産相続紛争の代理交渉			○	

縁ディングノートは縁を繋ぐノート

　法律では「遺言によって指定された相続方法は法定相続に優先する」旨が規定されていますが、現実には法定相続分より少ない財産を遺される相続人が不満を覚え、争族に発展することがあります。また、戦後に核家族化が進んだことで、人は生まれた場所で亡くならなくなりました。

　結果、「きょうだいは他人の始まり」という諺のとおりのことが増えてきているわけですね。それを防ぎ、きょうだい間や親族間で争いを減らし、家族の絆を強く結びなおす意味でも、エンディングノートの活用をお勧めします。

　十代遡るとご先祖様の数は 1,024 人、二十代遡ると 104 万8,576 人。——これらのご先祖様が誰一人欠けることなく命を繋いでくれたから、今ここに我々が生きているのです。そのことに思いをはせ、家族のご縁を強く繋ぎなおすためにもエンディングノートは有効だと思います。

　エンディングノートは家族の縁を繋ぐノートとであるということを、相続コンサルタントの皆さんにもしっかり認識を持って普及していただけると、「争族」が減り、「笑顔相続」が実現することでしょう。

　まずは、皆さん自身がエンディングノートを作成することから始めてみませんか？

第5章

相続コンサルタント
が守るべき
コンプライアンス

① 士業の独占業務との関係（業際問題）

　各士業にはそれぞれ独占業務があり、資格を持たない者がその領域に踏み込んだサービスをすることは法律で禁じられています。

　相続コンサルタントとしては、コンプライアンス上、特にこの点に気を付けなりればなりません。

1　弁　護　士

■弁護士法

> （非弁護士の法律事務の取扱い等の禁止）
>
> 第72条　弁護士又は弁護士法人でない者は、報酬を得る目的で訴訟事件、非訟事件及び審査請求、再調査の請求、再審査請求等行政庁に対する不服申立事件その他一般の法律事件に関して鑑定、代理、仲裁若しくは和解その他の法律事務を取り扱い、又はこれらの周旋をすることを業とすることができない。ただし、この法律又は他の法律に別段の定めがある場合は、この限りでない。

　条文中の「鑑定」「代理」「仲裁」「和解」は、「法律事務」の例示です。

　それ以外の「法律事務」については、「交渉において解決しなければならない法的紛議が生じることがほぼ不可避である案件に関するもの」（最高裁平成22年7月20日判決参照）が含まれるとされています。

　相続コンサルタントとしては、法的な争いが生じる可能性の高い

事項については取り扱わないことが無難でしょう。

2 税理士

■税理士法

（税理士業務の制限）

第52条　税理士又は税理士法人でない者は、この法律に別段の定めがある場合を除くほか、税理士業務を行ってはならない。

（参　照）　税理士業務の要旨（税理士法2①各号）
　　　　①　税務代理（税務官公署への申告等の代理行為）
　　　　②　税務書類の作成
　　　　③　税務相談

遺言執行者であっても、税理士でない限り、相続税申告や準確定申告等の税務書類の作成や申告はできません。

税務相談については、一般的な税法の解説や仮定の事例に基づいた話はしてもかまわないのですが、個別の顧客の具体的な税額計算はできませんので、注意してください。

3 司法書士

■司法書士法

（非司法書士等の取締り）

第73条　司法書士会に入会している司法書士又は司法書士法人でない者（協会を除く。）は、第3条第1項第1号から第5号までに規定する業務を行ってはならない。ただし、他の法律に別段の定めがある場合は、この限りでない。

（参　照）　司法書士業務の要旨（司法書士法3①一〜五）

①　登記又は供託に関する手続きの代理行為

②　法務局に提出する書類やデータの作成

③　登記又は供託に関する審査請求の手続きの代理行為

④　裁判所、検察庁又は筆界特定手続きのために法務局に提出する書類やデータの作成

⑤　上記各号の事務について相談に応じる行為

遺言執行者は不動産登記の当事者として登記手続きをすることができますが、そうではなく、一般の相続コンサルタントとして業務を行う場合には、登記手続きの代理をすることや、その相談に乗ることはできません。有償の場合はもちろん、無償の場合にも同様ですので注意が必要です。

④　行政書士

■行政書士法

（業務の制限）

第19条　行政書士又は行政書士法人でない者は、業として第1条の2に規定する業務を行うことができない。ただし、他の法律に別段の定めがある場合及び定型的かつ容易に行えるものとして総務省令で定める手続について、当該手続に関し相当の経験又は能力を有する者として総務省令で定める者が電磁的記録を作成する場合は、この限りでない。

（参　照）　行政書士業務の要旨（行政書士法1の2①）

①　官公署に提出する書類やデータの作成

②　権利義務又は事実証明に関する書類や図面の作成

遺言執行者は、その執行に必要な書類作成をすることができます

が、そうではなく、一般の相続コンサルタントとして業務を行う場合には、契約書や各種申請書などの作成代行を有償で行うことはできません。

COLUMN

紹介料は OK ？　NG ？

　弁護士（弁護士法 72、弁護士職務基本規程 12）と司法書士（司法書士倫理 13）は、業務を紹介してもらった際に、その紹介者へ紹介料（謝礼）を渡すことが禁止されています。

　税理士と行政書士にはそのような禁止規定がありませんが、税理士や行政書士でも紹介料の支払いはしないという人が結構いるようです。その何人かに理由を尋ねると「金銭のやり取りではなく、次は自分が紹介者に業務を紹介することによって信頼や人脈を積み重ねていきたい」「紹介料の代わりに、その顧客に『○○様からのご紹介なので△△をサービスします』と言って還元するようにしている」などの答えが返ってきました。

　相続コンサルタントにも特に禁止規定はありませんので、個々の倫理観によって対応を決めるべきことになります。

　さて、あなたなら、どう考えますか？

---

② 弁護士法違反の例

　業際問題の中でも、弁護士法違反の行為（「非弁行為」と呼ばれることもあります）には特に注意が必要です。なぜなら、「争いが

起こらない」という前提で受任したにもかかわらず、その後、思いがけず争いに発展してしまうケースが多々あるからです。

　責任感の強い人ほど、その時点で関与をやめることに気が引けて、つい、そのまま争いを収めようとして関与を続けてしまい、結果的に相手方ばかりでなく顧客からもクレームが生じてしまいます。

　よくある具体例としては、行政書士や司法書士が遺産分割協議書の作成を受任し、相続人間の争いに発展しても代理交渉を続けたり仲裁を行ってしまったというケースです。

　裁判例では、将来法的紛議が発生することが予測される状況において、行政書士が書類作成、助言指導、交渉をしたことが弁護士法72条違反に当たり委任契約自体が「無効」だと判断されて、受け取った報酬金の返還や損害賠償が命じられたものが散見されます（東京地裁平成27年7月30日判決、東京地裁平成29年11月29日判決〔公刊物未掲載〕等）。

③ 守秘義務

　守秘義務とは、一定の職業に関する法律や個別の契約に基づいて、その職業や契約の遂行に伴って知り得た情報を他に漏洩してはならないという義務を指します。

　今のところ相続コンサルタントの守秘義務に関する法律はありませんが、個人情報保護法では、個人情報（個人を特定できる事項）を扱うすべての事業者に、本人の同意や法令の根拠なく個人情報を漏洩することを禁じています。

　また、契約上は明確に守秘義務が定められていなくても、プライバシー（個人情報よりも広い概念です）の侵害が不法行為に当たり、

損害賠償を求められる可能性もあります。

　これらの法的根拠を持ち出すまでもなく、守秘義務を守らないと、仕事をするうえでの信用を失ってしまいます。

　特に相続問題は、通常なら誰もが他人に知られたくない財産に関する話、戸籍上の情報、家族間の人間関係といった秘密性の高い情報を取り扱いますので、細心の注意が必要です。

　情報は「知られてしまったら終わり」で、後から元に戻すことはできません。顧客の大切な情報を、関係者とのやり取りの中でうっかり漏らさないということはもちろん、セミナーや勉強会での事例発表、打合せの場所、メールの CC などにも守秘義務への配慮が必要です。

④ 金品を預かる際の留意点

　相続コンサルタントとして遺言執行などの各種業務を遂行していく中で、顧客から現金や高価な品物、重要書類を預かる場面は多いものです。

　「預けた」「預かっていない」や「説明した」「聞いていない」などのトラブルにならないよう、十分な注意が必要です。

■ 現金を預かる場合

　例えば、こんな場合に備えて預り金専用口座を開設しておくとよいでしょう。

・業務遂行に必要な実費相当額を、最初に顧客から概算で預かっておく場合

・金融機関からの払戻金を相続人に分配するために一時預かる場合

相続業務の場合は金額が大きくなるケースも多いので、窓口に行きやすい最寄りの金融機関が便利です。その口座からは自分（自社）の経費の引落しなどをせずに、現金の流れが常に明瞭になるよう心懸けましょう。ほんの一時的な流用のつもりでも、業務上横領罪（刑法253、10年以下の懲役刑）に問われることがあり得ます。

2 物や書類を預かる場合

「預けた」「預かっていない」というトラブルを避けるために、顧客から物品や書類を預かる場合や、逆に税理士などの士業に預ける場合には、必ずその物品や書類の項目を列挙した「預かり証」を渡したり（自分が預かる場合）、「受領証」をもらったり（他人に預ける場合）して、客観的な資料を作成しておくことが必要です。返却する場合や返却してもらう場合も同様です。

遺産などの物品の保管場所は、紛失や盗難を防ぐために金庫や貸倉庫が望ましいといえます。そのため、かさばる物はできるだけ早く相続人や受遺者に分配するようにして預かる期間を短くするようにしましょう。

書類は、1通しかない原本、特に自筆証書遺言、有価証券の現物、登記済権利証（登記識別情報）などは慎重な取扱いが必要です。

預かり書

被相続人　　　　様
代表相続人　　　　様

| （会社名）株式会社〇〇 |
| （部署名）〇〇〇〇 |
| （担当者）〇〇〇〇 |
| （TEL）〇〇-〇〇〇〇-〇〇〇〇 |

下記の書類をお預かりいたしましたので
各々１通ずつ保管とし、返却時に必要となりますので大切に保存して下さい。

記

○	除籍原本　１式
○	〇〇銀行通帳コピー３ページ分
○	△△銀行通帳２通
○	△△銀行キャッシュカード１枚
○	

以上

❸ 善管注意義務と損保加入

　有償業務の一環として預かる以上、「善良な管理者の注意義務」という、取引上一般的に要求される程度の注意をもって保管しなければならず、誤って紛失したり破損したりした場合には、損害賠償の対象となる場合もあります。

　業種ごとに専用の損害保険がありますが、自分が今加入している損害保険が相続業務もカバーできるものかどうか、確認してみるとよいでしょう。

❺ 契約書の作成

❶ 契約書の重要性

　本書で紹介している遺言執行報酬確認書も契約書の一種ですが、それ以外の相続コンサルティング契約や他業種との業務提携契約など、何か取決めをする場合には必ず契約書を交わしておくべきです。

　「相手を信用していないかのような誤解を受けそうだから『契約書を作りましょう』と言い出せない」という話もよく聞きますが、いざ不明点や問題点が出てきた時に解決の指針となるのは、何と言っても契約書です。

　特に、相続・終活業務は、取決めをしてから終了するまでに、時には何年も何十年もの長い月日がかかるケースもあり得ます。

　一度、自分の業務に合わせたひな型を何パターンか作っておき、

後はケースバイケースで修正を加えていくとよいでしょう。

　また、相続・終活業務の顧客は、高齢であったり、専業主婦であったり、仕事を引退していたりして、普段は契約書など見たことがないような人も多いようです。契約書の署名押印に進む前に、条項を1つずつ示しながら説明し、顧客の反応次第で、例を用いたり噛み砕いて説明し直すといった対応をすることが望ましいといえます。

② 業務範囲の明確化

　契約書の中でも必須なのは、業務範囲を明確に定めることです。

　遺言執行と言いながら、遺言書に書いていない雑用をあれこれ頼まれて手一杯になったりすることのないよう、「それは業務に含まれるけれど、これは含まれないから別料金を取る」など、線引きを明確に定めておきましょう。

③ 報酬の取決め

　報酬は誰が見ても一義的に具体的な金額が導けるよう、契約書に固定金額や算定式を明確に定めておくべきです。

　時々見かける「当社報酬規程による」という表現は、その「当社報酬規程」のコピーが契約書に添付されていればよいのですが、添付されていない場合は、いくら「口頭で説明したはずです」と言っても、顧客との間で後々トラブルになる可能性が高いので避けるべきです。

④ その他の取決め

　業務範囲と報酬の取決め以外にも、例えば次のような事項を契約

書に書いておくことが考えられます。

- 業務遂行に当たり生じた実費は誰が負担し、いつ支払うか。
- どのような場合に途中解約できるか。
- 途中解約した場合に既払金が返還されるか。
- 他人に再委託することができるか。

　なお、契約書に記載されていない事項については民法などの法律が適用されることになりますので、気になることがあれば法律専門家に確認してみてください。

⑤　業務途中で変更が生じた場合

　いくらしっかりと契約書を作っておいても、途中で追加や変更が出てくることは付きものです。トラブルを防ぐためにも、その都度「覚書」や「確認書」などを取り交わしておくとよいでしょう。

　メールやメッセージのやり取りも、追加変更やクレームなど重要な話題の時には印刷したり、データで保存しておくことをお勧めします。

⑥　「報・連・相」は最強のクレーム予防

　相続に関するセカンド・オピニオンを求める相談の際によく伺う話として「今お願いしている先生が、私に報告や連絡をせずに勝手に進めてしまう」「私の話をあまり聞いてくれない」といったコミュニケーション上の不満があります。

　今さらいうまでもないことですが、顧客の信頼を得て円滑に業務を進めていくためには、報告・連絡・相談をマメにし、重要な事項

については折に触れて繰り返し確認しておきましょう。そこさえきちんと押さえておけば、顧客のクレームなどそうそう起こらないものです。

第6章

遺言執行者が巻き込まれがちなトラブル

ここでは、遺言執行者であるがゆえに巻き込まれがちなトラブルについて見ていきましょう。

1 遺言書と異なる遺産分割協議

　「遺言書があっても、相続人全員が遺言書と異なる遺産分割協議をすれば、遺言書どおりに遺産を分けなくてよい」

　さて、これは○でしょうか？　×でしょうか？

　この点については、以下のようにケースを分けて考える必要があります。

　遺言執行者にとっては「執行するか、しないか」という職務の根幹に関わる問題です。就任を承諾したにもかかわらず、「相続人が『自分たちで遺産分割協議する』と言っているから、遺言は執行しなくていいだろう」と安易に考えていると、不意に損害賠償を求められてしまう事態にもなりかねませんので、注意が必要です。

1 遺言書の内容に相続人以外の第三者への遺贈が含まれている場合

　この場合には、相続人全員が遺産分割協議をしても、第三者である受遺者は立場上そこに加わることができないので、受遺者の利益を損なうことが明らかです。したがって、相続人が何と言おうと、遺言執行者としては遺言書どおりに遺言を執行しなければなりません。

　もっとも、受遺者が遺贈の放棄をした場合には、次の **2** の場合と同じように考えることができます。

② 遺言書の内容に相続人以外の第三者への遺贈が含まれていない場合

この場合には、さらに遺言執行者への就任承諾の前後で分けて考えなくてはなりません。

(1) 遺言執行者への就任承諾の前に相続人間で遺産分割協議が成立した場合

① 全相続人が遺言書の内容を知ったうえで、これと異なる遺産分割協議が成立した場合

この場合には、遺言書の内容に利害関係を持つ者すべてが遺言書を認識したうえでそれと異なる合意をしているのですから、遺産分割協議が優先すると考えられます。

遺言執行者に指定されている者としては、相続人から事情を確認したうえで、念のため、全相続人に対して「遺言執行者への就任を承諾しない」旨の通知を出しておきましょう。

② 遺言書と異なる遺産分割協議が成立したが、相続人の中で遺言書の内容を知っている者と知らない者がいる場合

この場合には、後になって、遺言書の内容を知らなかった相続人から、この遺産分割協議につき「無効」「取消し」の主張が出る可能性があります。

例えば、「遺言者の全遺産を相続人Aに相続させる」という遺言書があることを知っている相続人Bが、そのことをAに言わずに法定相続分どおりの遺産分割協議をした場合などがこれに当たります。

遺言執行者に指定されている者としては、このような事情が判明した場合には、自分でAやBに助言するのは避け、法律専門家に相談し、関与してもらうのがよいでしょう。

③　全相続人が遺言書の内容を知らないまま、遺産分割協議が成立
した場合

　このような遺産分割協議について「錯誤により無効」と判断した
裁判例があります（最高裁平成5年12月16日判決）。

　この場合、遺言執行者に指定されている者としては、全相続人に
対して遺言書があることを知らせ、遺言執行者に就任し職務を行う
ことが望ましいでしょう。

(2)　遺言執行者への就任承諾の後に相続人間で遺産分割協議が成立した場合

　この場合、遺言者の遺志を尊重する立場からは、相続人らの遺産
分割協議は遺言執行の妨害行為のように見え、遺言執行者が遺言執
行を行わないことは職務を怠っているようにも思われます。

　しかし、遺言執行者と委任関係にある相続人全員から職務執行を
免除されたとも考えられるので、一般的には遺言執行者が責任を問
われることはないと考えられています。

　「先に遺言執行をしてから、その後で遺産分割協議に従って遺産
を分ければよいのでは？」とも考えられますが、その場合には後の
遺産分割協議による財産の移動について贈与税がかかってしまう可
能性がありますので、安易な助言をしないよう注意が必要です。

　なお、遺言執行がすでに終わっている財産（例えば、不動産の移
転登記手続きや預貯金の払戻手続きが終わっている）については、
新たに遺産分割協議の対象とすることはできません。

❸　相続人から「遺言書と異なる遺産分割協議（受遺者の遺贈放棄も含め）をしている最中」と言われてから長期間経過しつつある場合

　この場合、実際には、一部の（遺産をあまりもらえない）相続人

が遺産分割協議を主張して、他の人はその気がないのに長引いているだけだったり、あるいは、ほぼ合意できているが相続税の試算（不動産評価等）に時間がかかっていたりするなど、ケースバイケースです。

　遺言執行者又は遺言執行者に指定されている者としては、定期的に相続人に連絡して経過や事情を把握し、できれば法律専門家に相談して、どう進めていくべきか助言を得ることをお勧めします。

② 遺言執行者の解任と辞任

　いったん就任を承諾した遺言執行者が、遺言執行を完了する前にその地位を失うには、家庭裁判所に対して遺言執行者解任審判申立て（相続人や受遺者等の利害関係者が申立人となる）と遺言執行者辞任許可審判申立て（遺言執行者自身が申立人となる）のいずれかの手続きを行う必要があります。

「遺言執行者と相続人とで話し合った結果、辞めることにした」
「相続人が遺言執行者に『解任します』と伝えた」
「遺言執行者が相続人に『辞任します』という内容証明郵便を送った」

　この３つは、いずれも正式な解任や辞任ではありませんので、注意が必要です。

■ 遺言執行者の解任

(1) 解任手続きと解任事由

　遺言執行者の解任については、「遺言執行者がその任務を怠った

ときその他正当な事由があるときは、利害関係人は、その解任を家庭裁判所に請求することができる」（民法1019①）と定められています。

　「利害関係人」というのは、主に相続人や受遺者のことです。共同遺言執行者も含まれると考えられており、例えば遺言執行者A・B2名のうちAがBについて解任請求をするという事態もあり得ます。

　「任務の懈怠」というのは、具体的には遺言執行者としての職務を長期間放置したり、拒否したり、報告をしなかったりということが考えられます。

　「その他正当な事由」というのは、任務の懈怠以外の理由であって、一般的に見て解任されても仕方のないような事柄を広く含むものです。例えば、次のようなものが考えられるでしょう。

- 遺言執行者が病気で入院しており職務を行えない。
- 遺言執行者への就任後に破産した（欠格事由）。
- 犯罪を犯すなど、社会的信頼を損なうような行為をした。
- 一部の相続人や受遺者の利益に加担し、遺言内容を公正に実現しようとしない。

　遺言執行者の解任が認められた裁判例には、次のようなものがあります。

① 遺言執行者が、遺言者の遺産であるA社の株式について遺産分割方法の指定を委託されているという地位を利用して、A社の代表取締役である相続人に対し、自分の子を著しく高額の給与で雇用させた（東京高裁平成23年9月8日決定）。

② 相続人Bから求めがあったにもかかわらず、遺言執行者が預貯金等の相続財産の管理方法、管理状況を報告しなかったほか、相続人Bが遺留分減殺請求権を行使したことを認識しながら、無断で相続人Cのために預貯金等の払戻し等を行った（東京高

裁平成 19 年 10 月 23 日決定)。

(注) 遺留分減殺請求権は民法改正前のものであり、改正後は遺留分侵
害額請求権となり法的性質も変わりましたので、この判例と同じ結
論になるとは限りません。

③ 遺言執行者が相続人からの相続財産目録の作成・交付及び遺言
執行状況等に関する書面による報告の求めに応じず、口頭による
具体的報告すら行わなかったほか、相続人に分配すべき金員の原
資となる予定の土地を遺言執行者自らが購入しておきながら、そ
の経緯について説明しなかった(大阪高裁平成 17 年 11 月 9 日決
定)。

④ 遺言執行の対象となるべき事項が存在しなくなったのであるか
ら、遺言執行者は任務終了により事実上その地位を失うものとい
うべきであるが、遺言執行者自身がその地位を保有すると主張し
て訴訟を提起した(東京高裁昭和 60 年 3 月 15 日決定)。

⑤ 遺言執行者が相続人の一部の者と意を通じ、その者の利益代表
者のような振舞いをし、受遺者全員の意思を無視し、かつその意
思に反して事実上の利益保護の行為をせず、相続人間の紛争を激
化させる言動をした(福岡家庭裁判所大牟田支部昭和 45 年 6 月
17 日審判)。

⑥ 遺言執行者が遺産の所有権を主張する訴訟の進行中に、遺言者
の意思の実現を拒もうとする相続人等に迎合し、受遺者に不利な
内容の示談をしてその訴訟を取り下げた(名古屋高裁昭和 32 年
6 月 1 日決定)。

(2) 遺言執行者解任審判の前の保全処分

遺言執行者の解任審判の結論を待っていては遅すぎる(相続人や
受遺者の利益を害するおそれがある)というような場合には、申立
人が審判前の保全処分として次の手続きを行うことができます。

- 遺言執行者の職務執行停止の審判
- 遺言執行者の職務代行者選任の審判

(3) 遺言執行者からの不服申立て

遺言執行者は、解任を認める審判や上記(2)の保全処分について、告知を受けた日から2週間以内に管轄の高等裁判所に即時抗告を申し立てることができます。

(4) 解任された場合の通知

解任の審判が確定した遺言執行者は、相続人や受遺者にその旨を通知し、以後は遺言執行者としての責任を負わないことを明確にしておきましょう。

② 遺言執行者の辞任

(1) 辞任手続きと辞任事由

遺言執行者の辞任については、「遺言執行者は、正当な事由があるときは、家庭裁判所の許可を得て、その任務を辞することができる」(民法1019②) と定められています。

ここでいう「正当な事由」というのはそれほど厳格なものとは捉えられておらず、次のようなものでもよいと考えられています。
- 病気になった
- 本業(仕事)が多忙になった
- 相続人や受遺者など関係者との信頼関係が壊れた

本当は相続人や受遺者からの解任であっても、遺言執行者の体面に配慮して、解任手続きというかたちを取らずに辞任手続きを行うことにする場合もあり得ると思われます。

⑵ 辞任した場合の通知

辞任の審判が確定した遺言執行者は、相続人や受遺者にその旨を通知し、以後は遺言執行者としての責任を負わないことを明確にしておきましょう。

COLUMN
妻に相続させる遺言を作成した後に遺言者が離婚?!

Ａさんは、「妻Ｂに全遺産を相続させる」という遺言書を書いた後にＢさんと離婚してＣさんと再婚し、その後にこの遺言書を書き換えることも新たな遺言書を作成することもなく、亡くなりました。あなたがこの遺言書の遺言執行者であったら、どうしますか?

次の中から選んでみてください。

① Ｂさんに全遺産を取得させる。

② Ｃさんに全遺産を取得させる。

③ 遺言書は無効でありＡさんの法定相続人が遺産分割により遺産を取得する（遺言執行不能）。

上記のうち①は「妻Ｂ」の「Ｂ」に意味があるという考え方、上記②は「妻Ｂ」の「妻」に意味があるという考え方、上記③は、遺言書作成時の前提が崩れていることを重視する考え方だといえます。

裁判例を参考にすると、このような場合には「遺言後の生前処分その他の法律行為と抵触する場合」（民法1023②）に当たるものと解され、この遺言は遅くともＡさんがＣさんと再婚した時点までに撤回されたとみなすのが妥当でしょう。つまり、上記のうち③になります。

異なる解釈の余地を残さないためにも、遺言書作成後に遺言者を取り巻く状況や心境が変わって遺産を取得させたい人や分配方法を変えたい場合には、忘れずに遺言書を書き換えることがお勧めです。

③ 遺言執行者が争いの当事者になる場合

　遺言執行者は、時には思わぬ訴訟の当事者として争いに巻き込まれてしまう場合もあります。

１ 遺言の執行を求める争い

　典型的な例は、遺言執行者がなかなか遺言執行をしてくれないという場合に、受遺者が遺言執行者に対して遺贈の対象である不動産につき移転登記手続訴訟を起こすというものです。
　遺言執行者としては、このような訴訟を起こされないように、迅速かつ適切に遺言執行を行うことが求められています。

２ 遺言内容の解釈をめぐる争い

　上記１の争いは、単に遺言執行者が職務遂行を怠っているという場合だけではなく、遺言書の内容の解釈について、相続人や受遺者と遺言執行者との間で見解が対立しているような場合にも起こります。
　例えば、遺言執行者が「遺言書のこの条項の文言からすると『○○』

という意味だと考えられるから、自宅不動産は相続人Aが取得すると読むべきである」という考えであるのに対し、相続人Bが「いや、この条項は遺言書全体の趣旨からすると遺言者の『△△』という遺志を現したものと考えられるから、自宅不動産は相続人Bが取得すると読むべきである」という考えを持っていた場合などがわかりやすいでしょう。

　この場合、遺言執行者としては、相続人Bから意見を述べられたり執行に反対されたりした場合でも、基本的には、そのような執行妨害とも受け取れる行為は無視して遺言執行を進めてかまいません。

　ただし、どちらの解釈が正しいか微妙なケースでは、法律専門家に相談してみたほうがよいでしょう。また、相続人Bが、移転登記手続請求訴訟や遺言執行者解任審判申立てやそれらの保全処分といった法的措置を取った場合には、法に則った対応をする必要があります。

❸　特定の遺産が遺言者のものかどうかについての争い

　特定の遺産が遺言者のものかどうかについての争いがあるというのは、例えば、「受遺者Cに遺贈する」と遺言書に記載されている口座番号の預金を遺言執行者が調べてみたら、実は遺言者ではなく相続人D名義の預金であったというような場合です。

　この場合、遺言執行者は、自らが原告となって相続人Dとその口座のある金融機関を相手に訴訟を起こすことができます。

　ただし、受遺者Cを原告とする訴訟も可能と考えられるため、ケースによっては弁護士に相談し、できるだけ実質的な権利者（この例では受遺者C）が原告など主たる当事者となる方向で進めていくことがふさわしいでしょう。

４　遺言無効の争い

　遺言執行が完了する前に、相続人や受遺者等が「遺言書が偽造である」「遺言書が方式に反している」「遺言者に遺言能力がなかった」などを主張して遺言無効の調停や訴訟を起こした場合、他の相続人や受遺者と並んで遺言執行者もその相手方（被告等）となります。

(1)　遺言書作成や就任段階での留意点

　遺言執行者が、遺言書作成段階から証人や相続コンサルタントとして関与している場合には、後に「遺言無効」と言われないよう、士業と連携して万全な遺言書を作成しておくべきといえます。
　遺言執行者への就任段階では、特に自筆証書遺言の場合に当てはまりますが、就任を承諾する前に遺言書を点検して、明らかな方式違反や偽造の疑いが濃厚であるなどの場合には就任を拒否することが無難でしょう。

(2)　遺言執行者に就任してからの留意点

　下記**５**で述べるように、すでに遺言執行が完了している場合には原則として遺言執行者が遺言無効訴訟の当事者になることはないので、争いに巻き込まれないためにも、遺言執行者としての職務は早急に遂行して完了させましょう。

(3)　争いの相手方（被告等）になった場合の対処

　遺言執行者は中立公正な立場ですので、他の相手方（被告等）となった相続人や受遺者と同じ弁護士に相談や委任をするのは避けるべきです。
　実質的な訴訟対応は他の相手方（被告等）の主張立証に任せるこ

ととして、遺言執行者は弁護士を付けずに簡潔な答弁書を自分で書いて出しておき、後は成り行きを見守るということでもよいかもしれません。

⑤ 遺言執行者が争いの当事者にならない場合

　遺言執行が完了した事項（例えば、不動産の移転登記手続き等）については、承継した相続人や受遺者のみが争いの相手方（被告等）になり、遺言執行者は当事者とはなりません。

COLUMN
タスク管理どうしてますか？

　相続コンサルタント業務をしていると複数の案件が同時進行することもよくあります。Ａ様は遺言執行、Ｂ様は死後事務サポート、Ｃ様は生前対策——というような具合です。

　そこに関わるチームメンバーも士業を始めとし、不動産業、保険業など多岐にわたることもよくあります。そうなってくると、それぞれに行う業務も違い、完了までのスケジュール管理も煩雑です。タスク管理をきちんと行わないと、結果顧客に迷惑をかけることが出てくるかもしれません。

　筆者はタスク管理には「Chatwork」（チャットワーク）というクラウド型連絡ツールを使用しています。

　顧客ごとにグループを作り、今誰が何の業務を行っているかを可視化することができ、またその業務の責任者を決めることも可能です。期日スケジュールも管理できるため、万が一、メンバーの1人の業務が遅れがちだとしても、早く気づけて注意喚起できます。タスクが完了すると完了ボタンを押せばよいので、操作も簡単です。

このソフトだけではなく、いろいろなタスク管理ソフトがあるので、皆さんにとって使い勝手のよいものを選んでください。

大切なのは、きちんとタスク管理を行い仕事のクオリティを上げていくことです。

COLUMN
その行為はコンプライアンス違反かも？

相続コンサルタントは顧客の役に立ちたいとう気持ちが強い人が多いのですが、時にコンプライアンス違反になることもあるため、今一度注意が必要です。筆者が実際に相談された事例で注意が必要だと思ったものをいくつかご紹介します。

① 自筆証書遺言の作成アドバイス

自筆証書遺言を作成したいという相談を受け、下書きを作成したというもの。これは絶対にやめてください。「少しなら」という安易な気持ちも捨てていただきたいです。

遺言作成に携われる士業は、弁護士、司法書士、行政書士のみです。これらの資格を保有していない限り、行ってはいけないことを再認識してください。

② 家族の話合いでの仲裁・和解

家族間での話合いに同席してほしいといわれることもあるのが相続コンサルタントです。その際に、ついやってしまいがちなのが仲裁や和解のアドバイスです。特に相続発生後のアドバイスは遺産分割協議と捉えられかねないため、注意が必要です。

いずれにせよ、家族間に入って様々なアドバイスを行う相続コンサルタントはコンプライアンス違反とみなされないよう、きちんと士業と連携し、時に士業に同席してもらって家族間の話合いのサポートをするように心がけてください。

第7章

死後事務委任契約の活用
〜遺言執行業務の
範囲外の事項への対応〜

「はじめに」に書いたように、少子高齢化などが原因で孤独死・孤立死が年々増えています。いわゆる「おひとり様」の増加が孤独死・孤立死の原因の１つになっているのですが、そのことが「死後事務委任契約」の需要を高めていると思われます。

① 死後事務委任契約とは

亡くなった後のいろいろな手続きを「死後事務」といいます。遺言書ではカバーできない葬儀や納骨、行政への届出等につき、生前に何をどこまでやってもらうのかを決めて第三者と契約を結んでおけば、亡くなった後、契約どおりに手続きが実行されます。

■ 死後事務委任契約

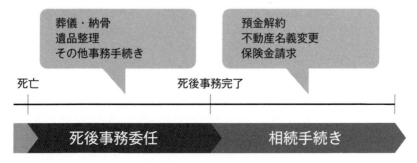

おひとり様だけではなく、配偶者が亡くなり、子が遠方（海外など）に住んでいて、いざという時に駆け付けられない人などにも、今後、ますます需要が広がると考えられます。

死後事務委任契約を結んでおいたほうがよい人のチェックリストを下記❸❸に掲げておきますので、参考にしてください。遺言執行

と同様に受任できるように準備しておくと、相続コンサルタントの業務の幅が広がるでしょう。

2 死後事務の主な業務内容

　死後事務には、どのような業務内容が含まれるのでしょうか。被相続人が亡くなってからの時系列で順に見ていきましょう。

○各種連絡
- 亡くなったことを事前に依頼されていた人に通知
- 葬儀社へ遺体搬送の連絡

○病院・介護施設の支払いや退院・退所手続き
- 病院や施設などから死亡届に必要な死亡診断書を取得
- 医療費・入所費などの精算手続き

○役所への死亡届の提出
- 市区町村に死亡届を提出（150ページのコラム参照）
- 埋葬許可書を申請・受理
- 除籍の申請

○葬儀・火葬に関する手続き
- 生前の希望に沿って、葬儀及び火葬を行う
- 場合によっては喪主代行をオプションで務めることもある

○行政関係の手続き

- 健康保険、公的年金等の資格抹消手続き

○住居引渡しまでの管理

- 不動産会社に連絡し賃料精算・明渡手続き
- 売却の場合は不動産会社に売却の依頼

○公共料金等の解約手続き

- 公共料金他・固定電話・携帯電話・新聞・クレジット等の解約及び利用料の精算等の諸手続き

○住民税や固定資産税の納税手続き

- 死亡年度分の住民税及び固定資産税の納税通知書を市区町村から受領し、納税手続き

○パソコン・携帯電話の情報抹消手続き

- プライベートな情報・データを完全抹消し破棄

　以上は、主な基本プランとなります。契約は公正証書で交わし、公正証書での作成費用は基本料金に含まれていますが、公証役場への支払いは実費となります。

　以下は、適宜オプションで行います。

○喪主代行・納骨・埋葬・散骨に関する手続き

- 葬儀・火葬に伴って喪主代行を務める
- 火葬後の遺骨を生前の希望に沿って、墓地・納骨堂へ埋葬手続き
- 希望が散骨であれば、散骨の手配

○勤務先企業等への退職手続き

- 勤務先に連絡し、退職手続きや未払い賃金受領、健康保険・厚生年金等の資格抹消手続き

○住居内の遺品整理

- 遺品の完全撤去を業者に依頼
- 形見分けや寄付の希望がある場合は対応

○車両の売却、廃車手続き

- 売却、廃車・名義変更・名義抹消手続き

○ペットの引渡し

- 遺されたペットと生前に決めておいた人へ連絡し、引取りまでの世話

○行政発行の資格証明書の返納手続き

- 免許証・パスポートなど、行政機関が発行する資格証明書の返納

　基本メニューに入れるか、オプションにするかについては、業務の状況を見ながら設計するとよいでしょう。

3 死後事務委任契約の手順と報酬

① 死後事務委任契約の手順

　業務内容を見ていただくとわかるように、死後事務委任は遺言執行と密接に関連するので、同時に契約をすることが望ましいといえます。

　メニューの中で、現時点では金額がはっきりしないものに関しては、預り金を最初にいただいておくか、遺言書に相続財産から支払っていただくことを明記しておくとよいでしょう。

① 　書面で契約内容の細かい打合せをし、基本プラン以外にどのオプションを付けるのかを決定する。葬儀プランなどは提携している葬儀社も入れての打合せとなる。
② 　公証役場にて、死後事務委任契約書を公正証書として作成する。自社のひな型を作る際には、一度法律専門家に見てもらうとよい。
③ 　死後事務委任契約の預り金を事前に振り込んでもらう（契約内容による）。

② 死後事務委任の報酬

　あくまで、報酬は目安です。それぞれの相続コンサルタントが自由に決めてよいと思われますが、参考までに筆者が使用している報酬表を掲げます。

■ 報酬表の例

> **死後事務委任契約**
> **基本料金○万円＋（オプション報酬表）**

この金額は基本的な金額であり、お客様の事案によって金額が変わる場合がございますので、予めご了承ください。

	サービス	内容	報酬
1	役所への死亡届の提出	市区町村役場に死亡届を提出し、埋火葬許可証を申請・受理します。また除籍の申請もします。	基本料金に含む
2	健康保険・公的年金等の資格抹消手続き	国民健康保険や介護保険、国民年金や厚生年金等の資格抹消手続きを行います。	基本料金に含む
3	病院・介護施設の退院・退所手続き	病院や施設などから死亡届提出のために必要な死亡診断書を受領します。葬儀社と連絡を取り、ご遺体をお引き取りする手配を整えたのち、医療費・入居費の精算などの諸手続きを行います。	基本料金に含む
4	葬儀・火葬に関する手続き	生前に伺ったご希望にそって、葬儀及び火葬を行います。訃報連絡やご要望があれば葬儀の主宰（喪主）を務めます。	基本料金に含む 葬儀の規模により別途ご請求の場合もあります
5	埋葬・散骨に関する手続き	火葬後のご遺骨を生前に希望のあった墓地・納骨堂へ埋葬します。ご希望があれば海洋散骨の手配。	実費
6	勤務先企業・機関の退職手続き	勤務先に連絡し、退職手続きや未払い賃金の受領、健康保険や厚生年金などの資格抹消手続きを行います。	50,000 円
7	住居引渡しまでの管理	不動産会社（又は管理会社）と連絡を取り、賃料精算と明渡し手続きを行います。駐車場の契約の解除は1件 20,000 円です。	基本料金に含む
8	住居内の遺品整理	住居内の遺品の完全撤去を行います。提携の遺品管理会社に回収をお願いします。形見分けや寄付等のご希望があれば対応いたします。	100,000 円～
9	公共料金等の解約精算手続き	電気・ガス・水道のほか電話や新聞・クレジットカード等の解約及び利用料金の精算などの諸手続きを行います。	基本料金に含む
10	住民税や固定資産税の納税手続き	死亡年度分の住民税及び固定資産税の納税通知書を市区町村から受領し、納税手続きを行います。	基本料金に含む
11	SNS・メールアカウントの削除	X（旧 Twitter）・Facebook などの SNS、メールアカウントの削除をします（ご希望によりフォロワーや友達への死亡通知を行います）。	1 アカウント 10,000 円
12	車両の廃車手続き	車両の廃車、名義変更、名義抹消手続きを行います。	30,000 円
13	ペット引渡手続き	残されたペットを生前に依頼した方へ連絡して、引き取っていただくまでお世話します。	100,000 円
14	PC・携帯電話の情報抹消手続き	パソコンや携帯電話などプライベートな情報、データを消去して完全破棄します。	基本料金に含む
15	生命保険の手続き	保険会社に生命保険の請求をし、受取人にお渡しします。	1 件あたり 50,000 円
16	関係者への死亡通知	ご希望の場合、友人・知人ほか、関係者への死亡通知を行います。	基本料金に含む
17	行政機関発行の資格証明書等返納手続き	免許証・パスポート等の行政機関が発行する資格証明書を返納します。	1 件ごとに 10,000 円
18	公正証書での契約書作成	死後事務委任契約を公正証書にて作成します。契約締結にかかる費用のほかに公証役場へ支払う手数料が別途必要となります。	基本料金に含む

＊料金はすべて税別

❸ 死後事務委任契約が必要な人のチェックリスト

　死後事務委任契約が必要なケースであるかどうかを判断し、サービスをお勧めする際の目安としてください。

■チェックリスト

①	子は遠方もしくは海外に住んでいる	☐
②	子は仕事（家庭のこと）が忙しく死後、迷惑をかけたくない	☐
③	子とは仲が悪く、疎遠もしくはどこに住んでいるかもわからない	☐
④	子が引きこもり、ニート、障害を抱えている	☐
⑤	子がいない	☐
⑥	子も高齢もしくは病がある	☐
⑦	配偶者に先立たれ子もいない	☐
⑧	生涯独身	☐
⑨	生涯独身で頼れる親戚がいない	☐

　どれかに✔が付いた人には、公正証書遺言に遺言執行者を指定し、死後事務委任契約もお勧めしたほうがよいでしょう。

　これ以外にも、見守り契約をプラスし、孤独死や孤立死を予防していくことも今後は大切になってくるのではないでしょうか。

○よくある質問

Q1

　死後事務委任契約は、職務すべてを１人でやらなければならないのでしょうか。

Ⓐ　遺言執行業務と同じく、専門家や補助者に職務を手伝ってもらうことができます。専門家に依頼しなければならないことがわかっている場合は、報酬や実費をどこから支払うかなど契約書に明記しておくとよいでしょう。

Q2

　死後事務委任契約は、個人で受任するのと法人で受任するのとどちらがよいですか。

Ⓐ　死後事務委任契約は遺言執行と同じく、受任した相続コンサルタントが高齢になった時や廃業・死亡後に相続が発生する可能性もあります。

　法人で受任をするか、万が一相続コンサルタント自身が履行できない場合の手立てをしておいたほうがよいでしょう。万が一、執行できない場合は預り金の返還などが生じます。

④ 死後事務委任契約を提案するタイミング

相続コンサルタントは、どのタイミングで死後事務委任契約をお勧めするのがベストでしょうか。

初回のヒアリングで、明らかにおひとり様であることが確認でき、死後事務委任契約をお勧めしたほうがよいと思っても、なかなか切り出せないこともあるでしょう。

せっかく、相続対策としていろいろなアドバイスを行うのであれば、必要性が明確になった時点で必ず相続対策のプランに盛り込みましょう。公正証書遺言・遺言執行まで提案しておいて、死後事務委任契約が漏れていたのでは対策は万全とはいえません。

しばらくたってから再提案しようと先延ばししているうちに、相談者は認知症を発症してしまうかもしれません。死後事務委任契約も法律行為ですから、認知症等を発症して判断能力が低下すると結

■ 死後事務委任契約を行うタイミング

問題が発生する前に行うことが重要です！

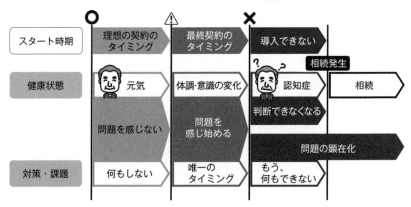

ぶことができません。

「おひとり様の○点セット」などとして、必ずご提案しましょう。

5 死後事務委任契約書ひな形

契約書の内容に関しては、打合せ時に決めた事項をきちんと盛り込む必要があります。

何を行い、何を行わないのか。また、報酬に関しての取決めなどは重要な部分となります。

契約書作成に関しては、弁護士・司法書士・行政書士に依頼をし、漏れのないようにしましょう。

以下は、実際の死後事務委任契約のひな型です。参考にしてください。

●死後事務委任契約公正証書

（○○　○○様）

死後事務委任契約公正証書

本公証人は、委任者○○（以下「甲」という。）及び受任者笑顔相続株式会社（以下「乙」という。）の嘱託により、次の法律行為に関する陳述の趣旨を録取し、この証書を作成する。

（契約の趣旨）
第1条　委任者甲と受任者乙とは、以下のとおり死後事務委任契約を締結する。

（委任者の死亡による本契約の効力）

第2条　甲が死亡した場合においても、本契約は終了せず、甲の相続人又は受遺者は、委託者である甲の本契約上の権利義務を承継するものとする。

2　甲の相続人又は受遺者は、前項の場合において、第10条記載の事由がある場合を除き、本契約を解除することはできない。

（委任事務の範囲）

第3条　甲は、乙に対し、甲の死亡後における次の事務（以下、「本件死後事務」という。）を委任する。なお、乙は甲の相続人又は受遺者と協議して必要に応じ連携しながらこれらを進めるものとする。

①　火葬（直葬）及び散骨（山中）に関する事務

②　行政官庁等への諸届（死亡届の提出、除籍、埋火葬許可証の申請・受理、健康保険・介護保険・公的年金の資格抹消手続き）に関する事務

③　病院及び介護施設の退院及び退所手続きに関する事務

④　住居の賃貸借契約解約に関する事務（ただし、遺品整理及び明渡しについては、甲の希望により、本契約に含まない。）

⑤　公共料金・電話・新聞・クレジットカードの解約精算手続きに関する事務

⑥　住民税及び固定資産税の納税に関する手続き

⑦　パソコン及び通信機器のデータ消去及び破棄に関する事務

⑧　以上の各事務に関する費用の支払い

第4条　第3条の「火葬（直葬）及び散骨（山中）」「遺品整理」は、甲が予め指定する施設及び業者あるいはその指定がない場合には乙が任意に依頼する施設及び業者において行う。

（連　　絡）
第5条　甲が死亡した場合、乙は、速やかに甲が予め指定する親族等関係者や知人に連絡するものとする。

（預託金の授受）
第6条　甲は、乙に対し、本契約締結時に、本件死後事務を処理するために必要な費用及び乙の報酬に充てるために、金100万円を預託する。
2　乙は、甲に対し、前項の預託金（以下「預託金」という。）について預かり証を発行する。
3　預託金には、利息をつけない。

（費用の負担）
第7条　本件死後事務を処理するために必要な費用は、甲の負担とする。
2　乙は、預託金又は甲の相続財産からその費用の支払いを受けることができ、支払いを受ける見込みがない場合は本件死後事務を中断することができる。

（報　　酬）
第8条　甲は、乙に対し、本件死後事務の報酬として、金80万円（消費税別）を支払うものとし、本件死後事務終了後、乙は、預託金又は甲の相続財産からその支払いを受けることができる。

（契約の変更）

第9条　甲又は乙は、甲の生存中、いつでも本契約の変更を求めることができる。

（契約の解除）

第10条　甲又は乙は、甲の生存中、次の事由が生じたときは、本契約を解除することができる。

①　甲と乙の信頼関係が破綻するような出来事が生じたとき

②　乙が経営状態を害し死後事務処理をすることが困難な状態になったとき

③　その他、災害や経済情勢の著しい変動など本契約を達成することが困難な状態になったとき

（契約の終了）

第11条　本契約は、次の場合に終了する。

①　乙が解散又は破産したとき

（預託金の返還、精算）

第12条　本契約が第10条（契約の解除）又は第11条（契約の終了）により終了した場合、乙は、預託金を甲に返還する。

2　本件死後事務が終了した場合、乙は、預託金から費用及び報酬を控除し残余金があれば、これを遺言執行者、相続人又は受遺者に返還する。

（報告義務）

第13条　乙は、遺言執行者、相続人又は受遺者に対し、本件死後事務終了後1か月以内に、本件死後事務に関する次の事

項について書面で報告する。

① 本件死後事務につき行った措置

② 費用の支出及び使用状況

③ 報酬の収受

（免　　責）

第14条　乙は本契約の条項に従い、善良な管理者の注意を怠らない限り、甲に生じた損害について責任を負わない。

COLUMN

死亡届が出せない？

　死亡届を出すことは、死後事務委任契約の履行に当たって非常に重要です。死亡届を出さないと、火葬許可証・埋葬許可証がもらえないからです。

　ただ、死亡届は以下の人しか出すことができないため、注意が必要です。

○手続対象者（戸籍法87）

　　親族、同居者、家主、地主、家屋管理人、土地管理人、後見人、保佐人、補助人、任意後見人、任意後見受任者

○提出時期

　　死亡の事実を知った日から7日以内（国外で死亡した場合は、その事実を知った日から3か月以内）

　ここで、気になることがあります。任意後見人及び任意後見受任者のいずれもいない場合はどうなるのでしょうか？

　生涯独身で6親等以内の親族もいない、又はどこにいるか不明で自身の名義の自宅で突然死した場合。その人は任意後見契約も結んでいなかったとしたら？

　仲の良い友人だとしても、死後事務委任契約を結んでいる相続コンサルタントだとしても、役所は死亡届を受理してくれません。

　この場合、警察による検視が行われ、市区町村の社会福祉課が「死亡記載申出書」を作成。これが戸籍課に届けられることにより死亡届の代わりとされます。

　では、この煩雑な手続きを回避するにはどうすればよいのでしょう。まず、契約の前に6親等以内の親族が本当に存在しない

のかを確認する必要があります。存在した場合は事前に居所を確認し、いざという時のために死亡届取得の依頼をしておいたほうがよいかもしれません。

　存在しなかった場合（存在しても依頼することが難しい場合を含みます）、持ち家に住んでいる人の場合は家主や地主がいないので、死後事務委任契約とセットで任意後見契約（受任者は相続コンサルタントでなく友人や遠縁の親戚や終活専門業者等でも可）を結んでおくことが望まれます。

6　おひとり様にお勧めしたい契約・その他

　この章では死後事務委任契約にフォーカスしていますが、他にもおひとり様が結んでおいたほうがよい契約や、書いておいたほうがよい書類を紹介します。

１　見守り契約

　任意後見契約が始まるまでの間、月に１回、週に１回など回数を決めてメール・電話・訪問などで安否確認をします。
　見守り契約を通じて依頼者の健康状態や判断能力などをチェックでき、任意後見契約への移行のタイミングを見極められます。

２　委任契約公正証書・任意後見契約公正証書

　委任契約と任意後見契約は、セットで契約することが多いといえ

ます。委任契約は、まだ判断能力があっても、身体が衰え、自分自身で銀行等に行くことができないなどの場合に活用するもので、これによって信頼している人に財産の管理を任せることができます。

その後、判断能力が低下したら、任意後見契約の活用場面になり、家庭裁判所に任意後見監督人を選任してもらったうえで、あらかじめ自分が選んだ任意後見人に生活や療養看護・財産管理など幅広い事項について任せることができます。

契約内容については、下記の例を参照してください。

●委任契約及び任意後見契約公正証書

委任契約及び任意後見契約公正証書

本公証人は，委任者山田太郎（以下「甲」という。）及び受任者山田花子（以下「乙」という。）の嘱託により、次の法律行為に関する陳述の趣旨を録取して、この証書を作成する。

第1　委任契約

（契約の趣旨）
第1条　甲は、乙に対し、令和6年〇月〇日、甲の生活、療養看護及び財産の管理に関する事務（以下「委任事務」という。）を委任し、乙はこれを受任する。

（任意後見契約との関係）
第2条　前条の委任契約（以下「本委任契約」という。）締結後、甲が精神上の障害により事理を弁識する能力が不十分な状況になり、乙が第2の任意後見契約による後見事務を行うこと

を相当と認めたときは、乙は、家庭裁判所に対し、任意後見監督人の選任を請求する。

2　本委任契約は、第2任意後見契約につき任意後見監督人が選任され、同契約が効力を生じた時に終了する。

（委任事務の範囲）

第3条　甲は、乙に対し、「別紙代理権目録（委任契約）」記載の委任事務（以下「本件委任事務」という。）を委任し、その事務処理のための代理権を付与する。

（証書等の引渡し等）

第4条　甲は、乙に対し、本件委任事務処理のために必要と認める範囲で、適宜の時期に、次の証書等及びこれらに準ずるものを引き渡す。

　①登記済権利証、②実印・銀行印、③印鑑登録カード・住民基本台帳カード、④マイナンバー通知カード及び個人番号カード、⑤預貯金通帳、⑥各種キャッシュカード、⑦有価証券・その預り証、⑧年金関係書類、⑨土地・建物賃貸借契約書等の重要な契約書類

2　乙は、前項の証書等の引渡しを受けたときは、甲に対し、預かり証を交付してこれを保管し、上記証書等を本件委任事務処理のために使用することができる。

（費用の負担）

第5条　乙が本件委任事務を処理するために必要な費用は、甲の負担とし、乙は、その管理する甲の財産からこれを支出することができる。

（報　　酬）

第6条　乙の本件委任事務処理は、無報酬とする。

（報　　告）

第7条　乙は、甲に対し、〇か月ごとに、本件委任事務処理の状況につき報告書を提出して報告する。

2　甲は、乙に対し、いつでも、本件委任事務処理状況につき報告を求めることができる。

（契約の変更）

第8条　本委任契約に定める代理権の範囲を変更する契約は、公正証書によってするものとする。

（契約の解除）

第9条　甲及び乙は、いつでも本委任契約を解除することができる。ただし、解除は公証人の認証を受けた書面によってしなければならない。

（契約の終了）

第10条　本委任契約は、第2条第2項に定める場合のほか、次の場合に終了する。

①　甲又は乙が死亡し又は破産手続開始決定を受けたとき

②　乙が後見開始の審判を受けたとき

第2　任意後見契約

（契約の趣旨）

第1条　甲は、乙に対し、令和6年〇月〇日、任意後見契約

に関する法律に基づき、精神上の障害により事理を弁識する能力が不十分な状況における甲の生活、療養看護及び財産の管理に関する事務（以下「後見事務」という。）を委任し、乙はこれを受任する。

（契約の発効）

第2条　前条の任意後見契約（以下「本任意後見契約」という。）は、任意後見監督人が選任された時から、その効力を生じる。

2　本任意後見契約締結後、甲が精神上の障害により事理を弁識する能力が不十分な状況になり、乙が本任意後見契約による後見事務を行うことを相当と認めたときは、乙は、家庭裁判所に対し任意後見監督人の選任の請求をする。

3　本任意後見契約の効力発生後における甲と乙との間の法律関係については、任意後見契約に関する法律及び本契約に定めるもののほか、民法の規定に従う。

（後見事務の範囲）

第3条　甲は乙に対し、別紙「代理権目録（任意後見契約）」記載の後見事務（以下「本件後見事務」という。）を委任し、その事務処理のための代理権を付与する。

（身上配慮の義務）

第4条　乙は、本件後見事務を処理するに当たっては、甲の意思を尊重し、かつ、甲の身上に配慮するものとし、その事務処理のため、適宜甲と面接し、ヘルパーその他日常生活援助者から甲の生活状況につき報告を求め、主治医その他医療関係者から甲の心身の状態につき説明を受けることなどにより、甲の生活状況及び健康状態の把握に努めるものとする。

（証書等の保管等）

第5条　乙は、甲から本件後見事務処理のために必要な次の
　　証書等及びこれらに準ずるものの引渡しを受けたときは、甲
　　に対し、その明細及び保管方法を記載した預り証を交付する。

　　　①登記済権利証、②実印・銀行印、③印鑑登録カード・住
　　民基本台帳カード、④マイナンバー通知カード及び個人番号
　　カード、⑤預貯金通帳、⑥各種キャッシュカード、⑦有価証
　　券・その預り証、⑧年金関係書類、⑨土地・建物賃貸借契約
　　書等の重要な契約書類

2　乙は、本任意後見契約の効力発生後、甲以外の者が前項記
　　載の証書等を占有所持しているときは、その者からこれらの
　　証書等の引渡しを受けて、自らこれを保管することができる。

3　乙は、本件後見事務を処理するために必要な範囲で上記の
　　証書等を使用するほか、甲宛の郵便物その他の通信を受領し、
　　本件後見事務に関連すると思われるものを開封することがで
　　きる。

（費用の負担）

第6条　乙が、本件後見事務を処理するために必要な費用は、
　　甲の負担とし、乙は、その管理する甲の財産からこれを支出
　　することができる。

（報　　酬）

第7条　乙の本件後見事務処理は、月額〇万円とする。

2　前項の報酬額が、次の事由により不相当となったときは、
　　甲及び乙は、任意後見監督人と協議の上、報酬を定めること
　　ができる。

　　①　甲の生活状況又は健康状態の変化

② 経済情勢の変動

③ その他現行報酬額を不相当とする特段の事情の発生

3 前項の場合において、甲がその意思を表示することができない状況にあるときは、乙は、任意後見監督人の書面による同意を得て、報酬額を変更することができる。

4 第2項の報酬の定めは、公正証書によってしなければならない。

（報　　告）

第8条 乙は、任意後見監督人に対し、6か月ごとに、本件後見事務に関する次の事項について書面で報告する。

① 乙の管理する甲の財産の管理状況

② 甲を代理して取得した財産の内容、取得の時期・理由・相手方及び甲を代理して処分した財産の内容、処分の時期・理由・相手方

③ 甲を代理して受領した金銭及び支払った金銭の状況

④ 甲の身上監護につき行った措置

⑤ 費用の支出及び支出した時期・理由・相手方

⑥ 報酬の定めがある場合の報酬の収受

2 乙は、任意後見監督人の請求があるときは、いつでも速やかにその求められた事項につき報告する。

（契約の解除）

第9条 甲又は乙は、任意後見監督人が選任されるまでの間は、いつでも公証人の認証を受けた書面によって、本契約を解除することができる。

2 甲又は乙は、任意後見監督人が選任された後は、正当な事由がある場合に限り、家庭裁判所の許可を得て、本契約を解

除することができる。

（契約の終了）

第10条　本任意後見契約は、次の場合に終了する。

　①　甲又は乙が死亡、又は破産手続開始決定を受けたとき

　②　乙が後見開始の審判を受けたとき

　③　乙が任意後見人を解任されたとき

　④　甲が任意後見監督人選任後に法定後見（後見・保佐・補助）

　　開始の審判を受けたとき

　⑤　本任意後見契約が解除されたとき

2　任意後見監督人が選任された後に前項各号の事由が生じた

　場合、甲又は乙は、速やかにその旨を任意後見監督人に通知

　するものとする。

3　任意後見監督人が選任された後に第1項各号の事由が生じ

　た場合、甲又は乙は、速やかに任意後見契約の終了の登記を

　申請しなければならない。

（死後の事務処理の委任）

第11条　甲は、乙に対し、甲死亡後の次の事項を委任する。

　①　有料老人ホーム等施設利用料の支払いを含む、甲の生前

　　に発生した本件委任事務に係わる債務の弁済

　②　入院保証金、入居一時金その他残債権の受領

　③　甲の葬儀、告別式から納骨に至るまでの一切の事項並び

　　にこれに係わる祭祀に関する一切の事項

　④　永代供養に関する債務の弁済

　⑤　その他、上記①ないし④に関連する一切の事項

以上

別紙　　代理権目録（委任契約）

1　不動産、動産等すべての財産の保存、管理及び処分に関する事項

2　金融機関、郵便局、証券会社とのすべての取引に関する事項

3　保険契約（類似の共済契約等を含む。）に関する事項

4　定期的な収入の受領、定期的な支出を要する費用の支払いに関する事項

5　生活費の送金、生活に必要な財産の取得に関する事項及び物品の購入その他の日常関連取引（契約の変更、解除を含む。）に関する事項

6　税金の申告、納付並びに不服審査申立てに関する事項

7　医療契約、入院契約、介護契約その他の福祉サービス利用契約、福祉関係施設入退所契約に関する事項

8　要介護認定の申請及び認定に関する承認又は異議申立て並びに福祉関係の措置（施設入所措置を含む。）の申請及び決定に対する異議申立てに関する事項

9　シルバー資金融資制度、長期生活支援資金制度等の福祉関係融資制度の利用に関する事項

10　登記済権利証、印鑑、印鑑登録カード、住民基本台帳カード、預貯金通帳、各種キャッシュカード、有価証券・その預り証、年金関係書類、土地・建物賃貸借契約書等の重要な契約書類その他重要書類の保管及び各事項の事務処理に必要な範囲内の使用に関する事項

11　住民票、戸籍謄抄本その他の行政機関の発行する証明書の請求及び受領に関する事項

12　登記・登録の手続き及び不服審査申立て並びに供託手続

きに関する事項

13　遺産分割の協議、遺留分侵害額請求、相続放棄、限定承認に関する事項

14　贈与若しくは遺贈（負担付の贈与若しくは遺贈を含む。）の受諾又は拒絶に関する事項

15　裁判外の和解、示談並びに仲裁契約に関する事項

16　以上の各事項に関する行政機関への申請、行政不服申立て、紛争の処理（弁護士に対する民事訴訟法第55条第2項の特別授権事項の授権を含む訴訟行為の委任、公正証書の作成嘱託を含む。）に関する事項

17　復代理人の選任、事務代行者の指定に関する事項

18　以上の各事項に関連する一切の事項

以上

別紙　代理権目録（任意後見契約）

1　不動産、動産等すべての財産の保存、管理及び処分に関する事項

2　金融機関、郵便局、証券会社とのすべての取引に関する事項

3　保険契約（類似の共済契約等を含む。）に関する事項

4　定期的な収入の受領、定期的な支出を要する費用の支払いに関する事項

5　生活費の送金、生活に必要な財産の取得に関する事項及び物品の購入その他の日常関連取引（契約の変更、解除を含む。）に関する事項

6　税金の申告、納付並びに不服審査申立てに関する事項

7　医療契約、入院契約、介護契約その他の福祉サービス利用

契約、福祉関係施設入退所契約に関する事項

8　要介護認定の申請及び認定に関する承認又は異議申立て並びに福祉関係の措置（施設入所措置を含む。）の申請及び決定に対する異議申立てに関する事項

9　シルバー資金融資制度、長期生活支援資金制度等の福祉関係融資制度の利用に関する事項

10　登記済権利証、印鑑、印鑑登録カード、住民基本台帳カード、預貯金通帳、各種キャッシュカード、有価証券・その預り証、年金関係書類、土地・建物賃貸借契約書等の重要な契約書類その他重要書類の保管及び各事項の事務処理に必要な範囲内の使用に関する事項

11　住民票、戸籍謄抄本その他の行政機関の発行する証明書の請求及び受領に関する事項

12　登記・登録の手続き及び不服審査申立て並びに供託手続きに関する事項

13　遺産分割の協議、遺留分侵害額請求、相続放棄、限定承認に関する事項

14　贈与若しくは遺贈（負担付の贈与若しくは遺贈を含む。）の受諾又は拒絶に関する事項

15　裁判外の和解、示談並びに仲裁契約に関する事項

16　以上の各事項に関する行政機関への申請、行政不服申立て、紛争の処理（弁護士に対する民事訴訟法第55条第2項の特別授権事項の授権を含む訴訟行為の委任、公正証書の作成嘱託を含む。）に関する事項

17　復代理人の選任、事務代行者の指定に関する事項

18　以上の各事項に関連する一切の事項

以上

③ 公正証書遺言及び遺言執行者指定

この点は第1章で言及しましたので、省略します。

④ 尊厳死宣言公正証書

医学の発達は目覚ましいものですが、一方で、「延命目的の医療措置は受けずに、人間としての尊厳を保った状態で死を迎えたい」「医療費の高額化で家族に経済的負担をかけたくない」と考える患者がたくさんいるのも事実です。

家族としても、延命措置を続けるか取り止めるかは意見の分かれるところですし、延命措置を断る場合の精神的負担は大きいものです。自分がどうしてほしいかをあらかじめ意思表示しておくことで、このような家族の負担を避けることができます。

●尊厳死宣言公正証書

尊厳死宣言公正証書

本公証人は、尊厳死宣言者山田太郎の嘱託により令和6年〇月〇日、その陳述内容が嘱託人の真意に基づくものであることを確認の上、宣言に関する陳述の趣旨を録取し、この証書を作成する。

第1条　私山田太郎は、私が将来病気に罹り、それが不治であり、かつ、死期が迫っている場合に備えて、私の家族・縁者及び私の医療に携わっている方々に以下の要望を宣言しま

す。
1　私の疾病が現在の医学では不治の状態に陥り、既に死期
　が迫っていると担当医を含む2名以上の医師により診断さ
　れた場合には、死期を延ばすためだけの延命措置は一切行
　わないでください。
2　また、私の苦痛を和らげる処置であるとしても、麻薬な
　どで昏睡状態に陥るようなことは望みません。

第2条　私に前条記載の症状が発生したときは、医師も家族・
　縁者も私の意思に従い、私が人間として尊厳を保った安らか
　な死を迎えることができるよう御配慮ください。

第3条　私のこの宣言による要望を忠実に果たしてくださる
　方々に深く感謝申し上げます。そして、その方々が私の要望
　に従ってされた行為の一切の責任は、私自身にあります。警
　察、検察の関係者におかれましては、私の家族・縁者や医師
　が私の意思に沿った行動を執ったことにより、これらの者を
　犯罪捜査や訴追の対象とすることのないよう特にお願いしま
　す。

第4条　この宣言は、私の精神が健全な状態にあるときにした
　ものであります。したがって、私の精神が健全な状態にある
　ときに私自身が撤回しない限り、その効力を持続するもので
　あることを明らかにしておきます。

5 生前整理

　見落としがちな対策として、生前整理があります。おひとり様が亡くなった場合、死後事務のオプションとして遺品整理を行うこともできますが、生前にご自身で取捨選択をしてもらうに越したことはありません。

　生前に形見分けしたいものや捨ててよい物、売って換金してほしい物などを1人で整理してもよいですし、生前整理の業者に手伝ってもらいながらやってもよいでしょう。

　筆者が懇意にしている生前整理の業者は、常に顧客目線で、本人やその家族の気持ちに寄り添いながら作業を進めてくれます。

　また、生前整理が進むことによって、自宅内で物につまずいて骨折したり、ホコリで病気になったりすることを防ぐことにもなり、それが自宅での孤独死を予防することに繋がります。

6 エンディングノート

　「おひとり様だからエンディングノートは必要ない」と考えている人もいますが、実はそんなことはありません。

　おひとり様といっても、
① 　家族と疎遠な場合
② 　家族が遠方に住んでいる場合
③ 　家族に先立たれた場合
④ 　1人っ子で生涯独身であるなど、早くから相続人が存在しないことがわかっている場合
と、いろいろなケースがあります。

　もし、「家族はいるが、今は一人暮らし」（上記①、②）というだ

けなら、家族は親がどう考えていたのかを知りたいと思うかもしれません。天涯孤独だとしても、友人や後輩や教え子が死を悼んでくれるかもしれません。その人が生きてきた証として、エンディングノートの意味があります。

　また、今をよりよく生き、自分自身を見つめ直すためのツールでもあります。

　エンディングノートを書くことによって、たくさんの気づきが得られ、疎遠となっていた家族とまた仲直りができるケースもあるのです。

＊　　　　＊　　　　＊

　これらのさまざまな方策を、相談者の状態や状況に合わせてしっかりとヒアリングし、どう組み合わせるのが最もよいのかを精査してご提案ください。

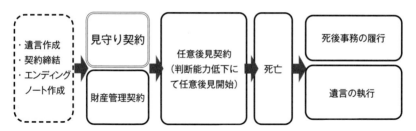

COLUMN
孤独死した人の遺品整理の現場から

　重度の孤独死の場合は、

①　家族が目撃したら、トラウマになることもある。

②　玄関のドアを開けられず、その場で泣き崩れることが起こる。

③　大切な物や思い出がある物もゴミになる可能性が高くなる。

④　相続放棄が待っていることもある。

⑤　棺桶が開けられない葬儀を行うことになる。

⑥　部屋の復旧作業に高額を要することが通常である。

⑦　近隣に迷惑をかける。

などが挙げられます。

　片付けの場合は、認知症を患っている高齢者でも少しは自分の気持ちを示すことができます。入院しても判断能力があれば、資産のこと、想いを遺したいことや遺したい物について聞くことができます。しかし、孤独死の場合は、当然それらができなくなります。

　まず、普段からかかりつけ医がいなければ、救急車を呼んでも病院に行くのではなく、警察がやって来て、家宅捜索がスタート。その後、検視が始まり、その後にやっと孤独死だったと判断されるそうです。

　そして、遺品が消える可能性もあるそうです。

　家族や第三者が家捜しをして、大金や高価な物を盗ってしまう例もあるようです。

　予防策としては、

• 生前にきょうだいなど家族がコミュニケーションを取ること

• 専門家を入れて生前整理を行うこと

• 生前整理と同時進行でエンディングノートを作成すること

• 資産を持っている場合は、元気なうちに公正証書遺言書を作成すること

　重度の孤独死は、何一つ良い点がないので、現実に目を背けずに、真剣に取り組まなければなりません。

（参照）一般社団法人 社会整理士育成協会 HP

第8章

新人相続コンサルタント
ミチオの遺言執行業務日誌
～実践・はじめての遺言執行～

では、実際に遺言執行者に就任した場合の具体的な動きをシミュレーションしてみましょう。

　主人公は、皆さんと同じように初めて遺言執行者となった相続コンサルタントの田中ミチオ君です。

年齢：31歳

職業：相続コンサルタント

　人材派遣会社を退職後、保険代理店に相続専門のコンサルタントとして10か月前に入社。前職時代からひそかに勉強して相続関係の民間資格をいくつか取得していたことが役に立っているが、まだ実務経験に乏しいので右往左往することもしばしば。

　遺言執行者を務めるのは今回が初めて。6か月前に遺言コンサルティングを行った際に、遺言書の中で遺言執行者に指定されていた。

Scene 1　遺言書作成

　ちょっと時間をさかのぼって、ミチオ君が遺言書作成に関わった
場面を見てみましょう。

業務日誌

令和5年6月6日
　先日の相続相談会からのお問い合わせで山之内省吾様と面談。
　末期がんで入院中のお父様（慶吾様）が遺言書の作成を希望し
ているとのこと。
　ヒアリングシートを使って、家族関係、おおよその財産内容、
慶吾様の希望している財産の分け方を聴取した。
＜家系図＞

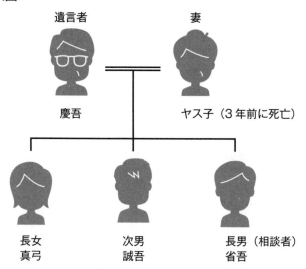

＜財産内容＞
・不動産　　東京都杉並区の自宅土地建物

　　　　　　　埼玉県越谷市のマンション1室（誠吾が居住）
・預貯金　　4,100万円
・生命保険　1,500万円（受取人は真弓）
＜遺産の分け方の希望＞
・省吾　自宅土地建物
　　　　預貯金全部
　　　　※先祖の墓守もしてもらいたい。
・誠吾　マンション1室
・真弓　なし（8年前に住宅購入資金として1,500万円を贈与
　　　　したことを考慮）
　遺言書の案文作成については士業の先生に依頼する必要があるので、後日その先生と一緒に入院先の慶吾様に会いに行くことを説明した（知人の行政書士の三ツ輪先生に打診する予定）。
　慶吾様が書き込んだというエンディングノートのコピーを取らせてもらった。付言事項が必要な場合には参考になるかも。

Talk & Study

木野

一橋先生は相続コンサルタントとしての活動歴が長いですが、遺言コンサルティングをする場合、相談のきっかけはどのようなものが多いですか？

一橋

私の場合、17年前に相続コンサルタントをし始めた頃は、エンディングノートの書き方セミナーの受講生や知友人からの紹介が多かったですね。現在はほとんどが以前、相続相談を受任したクライアントからの紹介か士業の方からの紹介です。

ミチオ

ヒアリングシートは、どのようなものを活用していますか？

一橋

相続診断協会が相続診断士用に用意してくれているヒアリングシート（248頁）のほかに、事前確認シート・打合せ記録などを使用しています。

また、戸籍や通帳をお預かりする際には預かり書をお渡しするようにしています。

それともう一つ大切な書類が業務依頼書・業務依頼に関する同意事項です。業務を受任する際には必ずこの書類もいただくようにし、「言った、言わない」や「依頼した、依頼していない」がないようにしています。

木野

本件のような遺言のご相談の場合に、相続コンサルタントとして必ず確認しておくことや、相談者にお勧めしていることはありますか？

一橋

まずは、財産を誰にどのように分けたいのかと、その理由は必ずお伺いします。

あと、今までの家族関係やそれぞれの子との関係性（仲が良いのか、音信不通なのか、どんな性格かなど）もお伺いするようにしています。

その他、財産のおおよその金額をお聞きした時点で、相続税の基礎控除を超えることが明らかな場合には、税理士に相続税の試算を依頼するようお勧めすることもあります。相続税対策をするなら、それも考慮したうえで遺言書を作成したほうがよいからです。

木野

そういう意味では、相続コンサルタントも最低限の税法知識は必要ですね。法的な知識についても、相続人の範囲や法定相続分の計算程度は正確にできるようにしておきたいものです。

ミチオ

一橋先生は保険募集人の資格はお持ちではないですが、遺言相談の中で保険商品をお勧めするタイミングってありますか？

一橋

そうですね、まず本件では、不動産価格は正確にわかりませんが、遺留分侵害になる可能性があります。先ほどのミチオさんの生命保険がらみの質問で言えば、私は本件で遺留分侵害の可能性がある真弓様を受取人にするのではなく、省吾様を受取人にして遺留分対策資金としたほうがいいと思います。

木野先生は、遺言者の希望どおりの遺言内容にすると遺留分侵害が起きそうな場合、どのようなアドバイスをしていますか？

木野

これにはいろいろな考え方があると思いますが、私の場合は、遺留分侵害によって後になって相続人間で遺留分侵害額請求が問題となるリスクがあることを説明します。ただ、実際には遺留分権者が遺言書に納得して遺留分侵害額請求をしないケースも多いので、上記のリスクを理解してもなお遺言者の希望が変わらなければ、そのまま遺言書作成に進むようにしています。

一橋

そうそう、不動産価格や有価証券価格は不確定要素ですよね。遺言書を作成する時点では「これなら絶対に遺留分侵害はない」と断言できないですし、断言しないようにしています。

ミチオ

最近、生前の家族会議が推奨されていますが、遺言書作成に当たって遺言者が相続人を集めて内容を話し合うということもあるのでしょうか？

一橋

相続人同士が集まり内容を話し合うことができる家族はもちろん、家族会議を開いておくといいと思います。家族会議を開いて全員一致で遺言書を作成することを支援している相続コンサルタントもいます。可能であればお勧めしますが、中にはどうしても相続人を集めて話し合うことができないという方も多くいらっしゃいます。その場合は無理をせず、付言やエンディングノートを活用するということもできると思います。

木野

士業との連携という点では、ミチオ君は知人の行政書士に遺言書作成をお願いするようですが、一橋先生はどのようにして士業のパートナーを見つけたり、使い分けたりしていますか？

一橋

私は大前提として相続診断士である士業と組むようにしています。「笑顔相続」という共通の理念がありますから、お互いに意思の疎通がしやすいです。
その他のポイントとしては、揉めることが最初から想定できるような案件は弁護士と、揉める可能性が少なく不動産が多い案件は司法書士と、揉める可能性が少なく不動産も少ない場合は行政書士と、というふうに使い分けています。

木野

遺言書作成は相続コンサルタントがやるわけにはいきませんが、相続コンサルタントによるエンディングノートセミナーというのは最近よく見聞きします。

はい。私もこの仕事を始めた当初はエンディングノートの書き方セミナーを中心に活動をしていました。

遺言書はただ書くだけではかえって揉める場合がありますので、どうしてそのような遺言内容にしたのかを付言事項にすることはできると思います。ただ、付言事項だと公正証書遺言の一部となるため、きめ細かく対応できない部分もありますから、それを補完する意味でもエンディングノートは有効だと考えています。それ以外にも家族への連絡帳として葬儀やお墓、形見分けや得意料理のレシピなど色んなことを遺すことができると思います。

今、一橋先生からお話が出た遺言書での、末尾の付言事項という部分であれば、法的なものではないので相続コンサルタントがお手伝いすることができますよね。

はい。私は自分のことを付言専門家と称しています(笑)。
ここはいかに相続人の思いを代弁できるか、相続コンサルタントとしての腕の見せどころですね。

本件のように、遺言者が高齢や重病で遺言書作成を急ぐ場合、時間との戦いという面がありますよね。公正証書遺言の作成準備をしている間に、自筆遺言をとりあえず作成するのも1つの方法です。本件のように遺言者が入院中の場合は公証人に病院まで出張してもらうことになるので、日程が通常より少し先になってしまうことも考えられます。

ところで、遺言執行者に指定されると、遺言書作成後もいざとなったら相続人と連絡がつくようにしておかなければなりません。相続コンサルタントとして、どのような仕組み・工夫が必

要でしょうか。

一橋

そうですね。私はすべての相続人の連絡先、例えば連絡のつき
やすい携帯番号や会社名などもお伺いするようにしています。
中には「相続人がどこに住んでいるのかさえ知らない」とおっ
しゃる方もいらっしゃいますから、事前に一緒に遺言書作成を
依頼する士業の方に調べていただくようにしています。

●遺言公正証書の例

遺　言　公　正　証　書

　本公証人は、遺言者である山之内慶吾の嘱託により、証人田中ミチオ、証人三ツ輪和人の立会のもとに、遺言者の口授した遺言の趣旨を次のとおり筆記して、この証書を作成する。

第1条　遺言者は、遺言者の有する次の財産を山之内省吾（長男：昭和40年11月15日生）に相続させる。
（土地）所在　杉並区山川3丁目
　　　　　　　　（中略）
（建物）　　　（中略）
第2条　遺言者は、遺言者の有する次の財産を山之内誠吾（次男：昭和41年1月5日生）に相続させる。
（敷地権の表示）所在　越谷市大山590番地
　　　　　　　　　（中略）
（一棟の建物の表示）　　（中略）
（専有部分の表示）　　　（中略）
第3条　遺言者は、遺言者が金融機関との間で預託契約等を締結している預貯金、金銭の信託、株式、公社債、投資信託、預け金、金債権その他の預託財産、有価証券及びこれらに関する未払配当金その他の一切の権利並びに現金を上記山之内省吾に相続させる。
第4条　遺言者は、祖先の祭祀を主宰すべき者として、上記山之内省吾を指定する。
第5条　遺言者は、本遺言の遺言執行者として、次の者を指定する。

東京都目黒区中川5－11－2

笑顔の保険株式会社

相続コンサルタント

田　中　ミチオ（平成5年11月15日生）

2　上記遺言執行者は、この遺言に基づく不動産に関する登記手続き並びに預貯金等の金融資産の名義変更、解約、払戻し、払戻金の受領及び貸金庫の開扉・解約その他この遺言の執行に必要な一切の行為をする権限を有する。なお、必要に応じて第三者にその任務を行わせることができる。

第6条　遺言執行者に対する報酬は、遺言執行対象財産の1パーセントとし、遺言執行に要した実費の負担については、令和5年6月28日付け遺言執行報酬確認書によるものとする。

（中略）

【付言事項】

　私はこれまでの人生を振り返って、大きく思い残すことはないが自分の遺した遺言で君たちが揉めることがないかそれだけが気がかりです。

　今まで、一生懸命に自分と家族のために働いてきましたがどういう考えを持っていたかも君たちに話したことはあまりなかったね。

　父さんの時代、男は寡黙で余計なことは言わずただひたすら働くことが美徳とされていました。

　ただ、母さんを先に亡くし本当に彼女にとって私はいい夫だったのかと自問自答したものです。

　そんな私を君たちは冷たいと感じたこともあったかも

しれないね。

　自分自身ががんを患い余命いくばくもないと知ったとき、母さんへ伝えてやれなかった後悔も含めて君たちには父さんの想いを知って欲しいと、この手紙を書いています。

　そんなに多くない財産で君たちが争うことのないようにそれが父さんの最後の願いです。

　どうか揉めることなく、きょうだい仲良く幸せに暮らしてください。母さんもきっとそう願っているはずです。お前たちは父さんと母さんの宝物でした。

　今まで本当にありがとう。

真弓へ

　お前には今回、何も遺してやれないが、住宅購入資金として1500万円の援助をしているので、それで納得をして欲しい。

　その他に生命保険もお前を受取人として1500万円はあると思う。

　自宅不動産と預貯金は今後、長男として墓守や親戚付き合いなど面倒なことをやってもらう省吾に相続させたいと考えている。

　お前にしてみれば、自分だけ少なく感じるかもしれないが聞き分けてもらえないだろうか。

　最後に生まれてきたのが女の子でお父さんはお前のことは上の二人と違って目の中に入れても痛くないほど可愛かった。お前が生まれた日のことを父さんは今でもはっきりと覚えているよ。

　だからこそ、使わない不動産よりも現金のほうがいい

と思った。お金は今後の生活のために有効活用してくれ
ると嬉しい。
　お兄ちゃんたちと仲良く、これからも幸せな人生を
送っていけるよう母さんとあの世からお前のことを見
守っているよ。

誠吾へ
　お前は次男だということもあって、なかなか接する時
間が取れずに寂しい思いをさせたね。
　父親として満足な時間を取れなかったことが悔やまれ
る。
　今、思えばもっと一緒に酒を飲んだりいろんな話をし
ておけばよかったと後悔している。本当にすまない。
　今回はお前には、現在住んでいるマンションを遺そう
と思う。省吾に比べて少なく感じるかもしれないが、こ
れから墓守や法事など面倒なことをしてもらうのと、省
吾の奥さんに病院の送り迎えや父さんの身の回りのこと
一切を母さんが亡くなってからずっとやってもらってい
たので、お礼の意味も込めてこのような形にしようと
思った。
　どうか納得してほしい。
　母さんもあの世からそれを望んでいると思う。
　お母さん子だったお前なら理解してくれると信じてい
る。
　家族仲良くきょうだい仲良く幸せに暮らしてほしい。

省吾へ
　お前は長男だからとこれまでも一番厳しく、また面倒

なことはすべてお前に押し付けてしまったね。
　それに対して、文句を言うことなく母さんが亡くなった後も家族で支えてくれたことを本当に感謝している。
　ほかの二人よりは多めに財産を遺すが、どうか先祖の墓守を長男としてしっかりやってほしい。
　いつも長男だからと我慢ばかりさせてきたが父さんの最後のお願いを聞いてもらえると嬉しい。
　誠吾と真弓のこともよろしく頼む。
　きょうだい仲良く幸せな人生を送ってくれることをあの世から願っている。

遺言者死亡の第一報から
お通夜まで

　遺言書が作成されてから実際に遺言者が亡くなって相続が開始するまでに、時には十数年経つこともありますが、思いがけず早くにその時がやってくる場合も少なくありません。

　遺言者が亡くなった直後の場面を見てみましょう。

業務日誌

令和5年12月3日
　　省吾様から携帯電話に連絡があり、一昨日の午後に慶吾様が亡くなったとのこと。お悔やみを申し上げ、お通夜と告別式の日程を伺う。
　　18時、令和やすらぎホールにてお通夜に参列。省吾様のほか、他のごきょうだいにも挨拶することができた。きょうだい仲が良さそうなので安心した。
　　省吾様に遺言書正本を送ってもらいたいとお願いするはずだったが、喪主として忙しそうにしていたので控えることにした。

Talk & Study

木野
突然の訃報を受けた時にお悔やみの言葉を何と述べたらよいか、特に若い相続コンサルタントは戸惑うことも多いと思います。

一橋
亡くなった方がどなたかによって違うケースもあるので（仕事関係者か知人・友人の肉親か自分の親戚か目上の方か後輩かな

ど)、今回は一般的な例をご紹介したいと思います。

＊このたびは誠にご愁傷様です。心からお悔やみ申し上げます。

＊このたびは突然のことで、お力をお落としと存じます。お慰めの言葉もございません。

＊〇〇様のご逝去の報に接し、謹んでお悔やみ申し上げます。突然のことでご落胆もいかばかりかと存じますが、どうぞご自愛くださいますよう。ご冥福をお祈り申し上げます。

＊このたびは〇〇様のご逝去の報に接し、心からお悔やみ申し上げます。
私にできることがあればいつでも連絡してください。心よりご冥福をお祈りいたします。

なるべく短めに忌み言葉（＊重ね言葉・繰り返す言葉：重ね重ね、ますます。＊生死にかかわる言葉：死、死去、急死。＊不吉な言葉：苦しみ、消える。）を使わないようにします。

ミチオ

なるほど。お通夜や告別式がこれからという段階で訃報を受けた場合、相続コンサルタントの立場で参列したほうがよいのでしょうか。また、遠方であるとか仕事の先約があるなど参列できない場合はどうするのがベストでしょうか？

一橋

遺言者や相談者との関係にもよると思いますが、私は参列できる限りは参列しています。どうしても予定が付かないなど難しい場合は献花か供花をお贈りしています。

木野

参考までに、お香典の金額はどうしていますか？

一橋

遺言執行者に指名されている場合は 1 万円ですね。

もっとも、香典の金額は、大体の目安と故人との関係性により変わります。一般的な香典の相場をご紹介しましょう。

① 両親：5 万円〜 10 万円

② 祖父母：2 万円〜 5 万円

③ 兄弟姉妹：2 万円〜 5 万円

④ 友人、知人、隣人：5,000 円〜 2 万円

⑤ 仕事関係者：5,000 円〜 2 万円

⑥ 顔見知り程度であれば 3,000 円〜 5,000 円

ただし、年代によっても違うため、大まかに表にまとめましたので参考にしてみてください。

	お亡くなりになられた方	20 代	30 代	40 代以上
会社関係	職場関係	5,000 円	5,000 円	5,000 円 〜 10,000 円
	勤務先の社員の家族	5,000 円	5,000 円	5,000 円
	取引先	5,000 円	5,000 円	10,000 円
友人関係	友人・知人	3,000 円 〜 5,000 円	5,000 円	5,000 円
	友人の家族	3,000 円 〜 5,000 円	5,000 円	5,000 円
地域関係	隣近所	3,000 円 〜 5,000 円	5,000 円	5,000 円
親戚関係	祖父母	10,000 円	10,000 円 〜 30,000 円	10,000 円 〜 50,000 円
	両親	50,000 円 〜 100,000 円	100,000 円	100,000 円
	兄弟・姉妹	30,000 円	50,000 円	50,000 円
	おじ・おば	10,000 円	10,000 円	10,000 円 〜 30,000 円
	その他の親族	5,000 円 〜 10,000 円	10,000 円	10,000 円 〜 30,000 円

木野

葬儀の時に誰がどうだったという話は、後々まで話題になるものです。お通夜や告別式の席に家族や友人ではなく相続コンサルタントとして参列する際の振る舞い方や注意点はありますか？

一橋

私は喪主の方へのご挨拶とお焼香が済みましたら、通夜振舞い等はご遠慮してなるべく早めに引き上げるようにしています。あの人は誰だろうと、余計な詮索を生まないためです。

木野

亡くなって間もないお通夜や告別式の席で、相続コンサルタントの方から遺言書の話を持ち出すのは控えた方がよいと思いますが、いかがでしょうか？

一橋

ミチオ君、お通夜の席でいきなり喪主に向かって「遺言書正本を送ってください」というのは場にそぐわないので、言わなくてよかったですよ。喪主はそれどころではないはずです。

木野

私は弁護士という職業柄、ご家族の仲が良くないケースへの関与も少なくありません。誰が聞いているかわからないので、遺言書や相続などという話題には一切触れず、なるべくひっそりと焼香させていただき、参列者に話しかけられたら「息子さん（本件では省吾様）の仕事関係者です」などと答えています。ちなみに、遺言書正本はすぐに必要になるわけではありません。当面は遺言書のコピーや謄本で十分です。

一橋

私は、遺言執行者に単独指定されている場合は自分で遺言書正本を預かって保管しますが、士業と共同指定されている場合は士業に保管してもらってコピーをお預かりするようにしています。

Scene3 遺言執行者としての初動

　遺言者が亡くなったということは、相続が開始し、遺言執行者としての役割を果たすために動かなければならないということを意味します。

　さて、遺言執行者の初動とは？

業務日誌

令和5年12月11日

　慶吾様が亡くなって10日間が経過。省吾様のパートナー（内縁の奥様）の奈美様を通じて、相続人全員の住所地や電話番号を把握できた。

　必要な戸籍を取り寄せるため、奈美様に慶吾様の除籍謄本をお持ちかどうか問い合わせたところ、3通持っているとのこと。前もって改製原戸籍の取寄せもお願いしておけばよかった……。

　戸籍の取寄せが完了したら、遺言執行者に就任する旨の通知書と遺言書正本のコピーを全相続人に郵送する予定。

〇取り寄せるべき戸籍

　・遺言者の出生から死亡までの戸籍

　・相続人全員の現在戸籍

〇遺言執行者就任通知書

遺言により遺産を相続される皆様へのご連絡

令和5年12月×日

故・山之内慶吾様遺言執行者　田中ミチオ

　このたびは、故・山之内慶吾様ご逝去の由、慎んでお悔やみ申し上げます。

このようなときに誠に恐縮ではございますが、慶吾様作成の令和5年6月28日作成の公正証書遺言（本書面に添付）第5条におきまして、小職が遺言執行者に指定されておりますので、就任のご通知をさせていただくとともに、以下のご説明をさせていただきます。

1　遺言執行の具体的な進め方について
　　小職のほうで遺産目録を作成しだい、皆様のご自宅宛てにお送りいたします。
　　慶吾様の遺産は不動産と預貯金でございますが、不動産に関する遺言執行（移転登記手続き）につきましては、本件遺言公正証書第5条第2項後段により小職が依頼する司法書士から、該当する相続人様宛てに直接ご連絡させていただきます。
　　預貯金に関する遺言執行につきましては、同遺産の取得者である相続人様に小職からご連絡させていただき、順次進めてまいります。

2　遺言執行にかかる費用のご負担について
(1)　実　　費
　　遺言執行にかかる実費につきましては、上記遺言書第6条により、令和5年6月28日付け遺言執行報酬確認書（本書面に添付）に基づく実費を取得した遺産額に応じて各相続人様にご負担いただくことになります。
　　なお、不動産の移転登記手続きに関する実費につきましては、上記司法書士から各相続人様宛てにご請求いたしますので、直接お支払いください。

(2)　報　　酬
　　遺言執行報酬につきましては、上記遺言書第6条に

より遺言執行対象財産の1%となります。

　　これにつきましては、各相続人の取得した遺産（不動産の場合は固定資産税評価額）を基準に算定いたします。

(3)　以上につきましては、慶吾様もご了解の上で遺言公正証書及び遺言執行報酬確認書に明記された事柄ですので、ご理解・ご協力いただけますようお願い申し上げます。

3　なお、相続税申告につきましては、遺言執行者の業務の範囲外になりますので、ご留意ください。相続税に詳しい税理士にお心当たりのない場合には、ご紹介することも可能ですので、小職までお気軽にお問い合わせください。

（添付書面省略）

Talk & Study

ミチオ

遺言執行業務との関係で省吾様と連絡を取るタイミングについては、気を遣いました。

木野

確かに悩ましいです。遺言執行者としての義務も果たさねばなりませんが、相続人の繁忙度や、遺言者がどのような最期であったかにも気を配るべきでしょう。高齢で衰弱していらした方なのか、比較的若い方が事故や自死でお亡くなりになったのかで、相続人の気持ちの整理のスピードが異なります。

一橋

私は原則として「初七日の法要後」まで待ってから、ご連絡しています。連絡方法としてもお電話する場合と書面でご連絡する場合があります。

生前に相続人の方々とコンタクトが取れていた場合はお電話で、面識がまるでない場合は書面で、というふうに使い分けたりしています。

また、諸事情で（気持ちの整理がつかないなど）初七日を過ぎてもご連絡しにくい場合は書面に切り替えます。

木野

遺言コンサルティング時にも作っていると思いますが、相続関係図を早めに準備しておくとよいでしょう。自分の手控え的なメモではなく、金融機関や税理士、司法書士など遺言執行で関わる人に提供するためのものです。

ミチオ

戸籍の取寄せがスムーズにできるかが心配です。

一橋

私は、なるべく相続人の方に依頼するようにしています。市区町村役場に死亡届を出してから大体1週間から10日（本籍地に届け出を出す場合は約1週間、本籍地が遠方の場合は約10日）くらいで被相続人の除籍が記載された戸籍（又は除籍）謄本を取得することができますが、相続人がそれを取りに行く際に「同じ市区町村にあるお父様の戸籍を全部もらってきておいてください。あなたやご兄弟の戸籍も同じ市区町村にある場合には、一緒に取ってきておいてください」と伝えておきます。そして、不足する戸籍だけ遺言執行者の方で取り寄せますが、士業と一緒にチームを組んでいるケースでは、士業に依頼するのが一番早いと思います。

木野

令和元年5月に成立した戸籍法改正で、直系ならば1つの市区町村役場で戸籍が取れるようになります。兄弟姉妹や叔父叔母は従来どおりとはいえ、直系だけでも従来と比べるとずいぶ

ん簡略化されますね。ただし、実際にそのような新システムが
動き出すまでにはまだ時間がかかりそうです。
現状では、戸籍を順繰りに取り寄せて、転籍先などをたどって
いくしかありません。

一橋

戸籍の読み方に慣れるまでは、士業にチェックしてもらうとよ
いでしょう。実際に戸籍を取り寄せてみて、相談者も知らなかっ
た相続人の存在が発覚する場合もまれにあるんですよ。
住所がわからない相続人がいる場合は困りますね。戸籍をまず
調べて、次にその戸籍の「附票」を取り寄せると現在の住民票
上の住所がわかります。

ミチオ

法定相続情報証明書を取ったほうがよい場合はどんな場合で
しょうか?

木野

預金の払戻しなど、その後の遺言執行手続きを考えると、法務
局によって審査済みの相続関係図を書いた法定相続情報証明書
1枚で済むなら簡便であるようにも思えます。ただ、戸籍の代
わりに法定相続情報証明書を出したからといって、本当に銀行
などの手続きのスピードに影響するかどうかは疑問です。
法務局で法定相続情報証明書を取る際には、法務局が相続関係
を独自に調べてくれるわけではなく、申請者が従来どおりの戸
籍一式を提出しなければなりません。
実際には法定相続情報証明書はそれほど使われていないように
も思います。

Scene4 　税理士との打合せ

　遺言執行者の職務として、遺産目録の作成・交付があります。

　相続税申告が必要な場合には、税理士と連携して、資料集めを事実上税理士にお願いしてしまってもよいでしょう。

業務日誌

令和6年1月8日

　省吾様と奈美様が来社。

　事前に「相続税申告をお願いする税理士を紹介してほしい」との連絡を受けていたので、提携先の税理士法人TTPの大原先生に同席してもらった。

　大原先生から省吾様と奈美様に、後日送ってもらいたい書類や資料を指示。こちらで持っていた戸籍一式と遺言書のコピーを大原先生に預けた。

　遺産目録（不動産評価額を除く）ができたら知らせてもらい、それを整えて全相続人に送ることとする。

　奈美様から「死亡保険金はもう請求してよいのでしょうか。遺言執行者のほうで請求手続きを代行してくれないのですか」とのご質問があった。

Talk & Study

木野

　相続税申告のために、税理士の紹介を頼まれた時はどうしていますか？

一橋

私は普段から何人か相続診断士でもある税理士と業務提携していますので、依頼者の性格や住んでいる場所などから相性がよさそうな税理士をご紹介するようにしています。

木野

念のためですが、相続税申告は、もちろん遺言執行業務の範囲外です。税理士が遺言執行者に指定されている場合、相続税申告まで自動的に受任できるわけではないので、相続人にきちんと立場を説明したうえで、依頼の有無を確認することが望ましいです。「父の税理士はあまり信頼できない人なので頼みたくなかったが、遺言執行者の仕事の一環だからと言われて相続税申告を任せた。その税理士は相続税申告に慣れていないようで、申告後に別の税理士にセカンド・オピニオンを求めたら税金の払い過ぎになっており、大幅な還付が生じた」という話もしばしば聞きます。

一橋

専門性は大事ですね。医者と同じで税理士にも専門分野がありますから、相続税に強い税理士をセレクトするのは大切だと思います。年に2、3回しか相続税の申告をしないという方では心配ですね。

ミチオ

相続人に交付する遺産目録の作成を遺言執行者が自力でやる場合は大変そうです。

一橋

そこをいかに手際よく漏れなく正確にやるかが、遺言執行者の腕の見せどころ。生前から遺言者とコミュニケーションを取って、1つか2つの口座に預金をまとめていただくようアドバイスするとよいと思います。私は相続が発生するまで顧問契約を結び財産管理なども受任して、財産を正確に把握するように心

がけています。

もちろん、すべての方と顧問契約を結ぶわけではないため、日頃からのコミュニケーションは大切ですね。

木野

預貯金は遺言者が亡くなった日の残高を書くことになりますが、不動産や有価証券はその評価額をどうするか悩ましいですね。法的には遺言執行者の作成する遺産目録に評価額の記載までは求められていませんが、もし記載するとすれば、不動産は固定資産税評価額、有価証券は亡くなった日の評価額（終値）を記載すれば相続人にとって一応の目安になると思います。未上場株式は数量のみ記載して評価額は空欄とするしかないでしょう。

一橋

遺産目録を交付された相続人のほうで、さらに詳しく調査をすることも考えられますね。相続人であれば被相続人の預金の取引履歴を10年間遡って調査することもできます。その中で特別受益や不審な預金引出しが発覚するケースもあります。

ミチオ

死亡保険金の請求手続きについて相談されました。うちの会社で取り扱ったものではないのですが、どこまで関与してよいのでしょうか？

木野

死亡保険金は民法的には遺産ではありませんが、税法的には遺産として扱われます。相続人にとってはそんな細かい違いはわからないので、とりあえず相談できそうな人に聞いてくる傾向があります。

一橋

ミチオ君が取扱者でない場合は、手続きを代行することはできません。契約者もしくは受取人から保険会社に連絡し、必要な書類を取り寄せるか、担当者がいる場合は担当者に連絡をして、手続きのサポートをしてもらってください。

保険会社名がわかっているのでしたら、ミチオ君のほうで問合せ窓口に連絡し、必要書類などは問い合わせてサポートしてあげることはできます。保険会社によって手続きの仕方や必要書類も違いますので、そのあたりをお手伝いしてあげてはどうでしょう。

木野

受取人指定がない保険契約は法定相続人が法定相続分に応じて受け取ることになりますね。遺産と間違えそうですが、保険会社のほうでは具体的にどのように全相続人に分配するのでしょうか?

一橋

それも保険会社ごとに違いますので、各保険会社にその時になって問い合わせるしかありませんが、法定相続人の代表者を決めて代表者選任届・保険金請求書・死亡届のコピーと被保険者の法定相続人(全員)であることを確認できる「被保険者等の戸籍謄本」を添付して書類を送ると代表相続人の口座に振り込まれます。その後、相続人が話し合って誰がいくら受け取るかを決めることになりますので、揉める可能性もありますし、手続きも煩雑です。受取人を法定相続人とするのはなるべく避けたほうがいいと思います。

 遺産目録の送付と不動産
登記手続き

いよいよ、遺言内容の具体的な執行に着手していきます。
何をどの順番でやっていくべきなのでしょうか。

業務日誌

令和 6 年 1 月 30 日
　慶吾様の四十九日の法要も終わり、税理士の大原先生から遺産
目録（ただし、不動産の評価額は空欄）の送付を受けたので、形
式を整えて相続人全員に送付した。
　遺言書に従った不動産登記をすることになったので、朝イチで
提携先の司法書士の水上先生と打合せをした。
　手持ちの遺言書正本と戸籍一式の原本を預ける。
　水上先生から「登記簿謄本か登記情報を持っていますか」と言
われたので、大原先生に PDF で送ってもらっていた登記情報を
渡した。
　省吾様と誠吾様の連絡先を教え、あとは直接書類のやり取りを
してもらうこととなった。省吾様にも水上先生から連絡が行く旨
を伝え済み。
　登記手続きが終わるまで、遺言書正本は返してもらえないとの
こと。預金の払戻しを先にしたほうがよかったのだろうか。

Talk & Study

ミチオ

税理士の先生でも、遺産目録の作成に結構時間がかかるもので
すね。

医療費や施設入所費など、後から精算するべき債権債務の確認もあるのだと思います。関係各所からの通知書が届いて初めてその存在がわかることも多いのです。

相続債務の支払いは遺言執行の範囲外なので、遺言執行者が支払う必要はありません。

相続人には、「相続債務の支払明細をノートなどにつけておいたほうがいいですよ」とアドバイスしています。

亡くなる前後に相続人があわてて引き出した現金については、その使途をめぐって争いになることも珍しくありません。

木野

司法書士の先生に登記だけをお願いする場合、どういう方を選んだらよいでしょうか。

ミチオ

不動産登記だけとは言っても、私ならいつも提携している相続に詳しい司法書士にお願いします。相続に詳しい方だと手続きもスムーズですし、ご遺族（相続人）の感情を逆なでしないよういろいろと細かいところまで配慮できる方を選ぶといいと思います。

一橋

司法書士と相続人との面談には相続コンサルタントも同席するべきでしょうか？

ミチオ

一概には何とも言えませんが、まだ遺言執行に慣れてない時期であれば勉強のために同席するのもいいと思います。また、相続人の方に同席を依頼される場合もありますので、その場合はできるだけ同席するようにしています。

一橋

ミチオ

登記簿謄本と登記情報の使い分けがわかりません。

木野

権利関係の確認や、相続チーム内の情報共有という用途であれば、登記情報で十分だと思います。これに対して、法務局、税務署、金融機関、裁判所などに対して公に権利関係を証明する書類としては、登記官の認証のある登記簿謄本が必要になります。

ミチオ

司法書士に頼まずに、遺言執行者が自力で移転登記できるものなのでしょうか？　できるなら、勉強のために一度やってみたい気がします。

一橋

遺言の内容によっては、遺言執行者を申請者の一人として移転登記できる場合もあるようです。でも、私は何でも全部自分でやろうとせずに、専門家である司法書士に任せるようにしています。そうすればスムーズに手続きできますし、後々のご紹介にも繋がります。

ミチオ

遺言執行を効率的にやるための順番って、あるんですか？

木野

どの手続きにも、１通しかない公正証書遺言正本を持参又は送付しなくてはならないから、順番は考える必要がありますね。金融機関は、戸籍謄本の原本や公正証書遺言正本など返却してほしいものに「コピー後、原本を返却してください」と付箋を貼ったりしておけば、わりとすぐに返送してくれます。
でも、法務局や裁判所などへの提出時には注意が必要です。手続きの内容にもよりますが、原本の返却がそもそも不可という

書類もあるし、最初から原本のほかにコピーを同封して、コピーの余白に「原本と相違ありません」と書いて署名押印するとか、返送用封筒の同封などの条件がある場合もあります。ホームページではそこまで細かい説明が書かれていないこともあるので、送る前に担当部署に電話確認したほうがよいでしょう。書類不備による時間のロスを防ぐために、私はどんな手続き・どんな機関であっても、必ず事前の電話をして、同封書類の内容や結論が出るまでのスケジュールの目安を細かく確認しています。

一橋

私もそう思います。役所もそうですが、同じ金融機関でも支店ごとに微妙に扱いが違ったりするんです。それから、手元を離れる書類については念のためコピーを取って保管しておくことも基本です。
顧客ごとにファイルを作成し、センシティブな情報も多いですから施錠できる場所に保管して管理することも大切ですね。
ミチオ君の質問への答えとしては、一般的には預貯金の払戻しをしてから不動産登記という順番がお勧めでしたが、民法改正により、今は不動産登記を優先させるようにしています。

木野

不動産は、相続人が即売りたいという場合もありますね。一橋先生は、そのような場合どうしますか？

一橋

この場合も相続に強い不動産会社と連携するようにしています。不動産会社ならどこでもよいわけではなく、例えば駅前にある不動産会社は賃貸契約専門で売買は苦手ということもあります。
ここでも、専門性をチェックする必要がありますが、日頃からそういう業者と繋がっておかなくては、いざという時になって

探し始めても遅いと思います。

また、相続税を納付するために売却する場合は納付期限の 10 か月以内に売却の必要がありますので、ネットワークをしっかり持ちフットワークの軽い不動産会社との付合いは必須になります。

COLUMN
誤字などのある遺言書でも執行できる？

　自筆証書遺言がお勧めできない理由の一つとして「誤字脱字や判読できない文字などがあり、遺言執行をする際に困る」ことが挙げられます。文字だけならまだしも、高齢者が 1 人で独自に考えて自筆証書遺言（らしきもの）を書いたケースでは、日本語の文章として意味が通じない、ということも実際によくあるのです。

　このような場合、遺産の中に不動産があれば、司法書士に依頼して遺言書（らしきもの）に従った登記をしてもらう際に、法務局に説明に行ってもらい、なんとか不動産登記を受け付けてもらうようにしましょう。そのためには、法務局との交渉力に長けた司法書士と日頃から提携しておくとよいです。

　そして、次に金融機関で預貯金の解約払戻手続きをする際、相続登記を完了したことがわかる不動産登記簿謄本などを一緒に提出して、その遺言書が有効であることの根拠に使うのです。

　金融機関としては、法務局で有効と認められた遺言書ですから、有効と扱われる可能性が高くなります。

 預貯金の払戻しと
ゴルフ会員権の名義変更

預貯金その他の債権についての遺言執行は、相続人にとって最も関心の高い点といえます。なかなか煩雑な手続きですが、これを終えると遺言執行者としての職務は山を越えたといってもよいでしょう。

業務日誌

令和6年3月10日

　不動産登記が終了し、遺言書正本や戸籍一式を返却してもらったので、今日は預金の払戻しのために3つの金融機関を回った。

　事前に各金融機関に電話連絡を入れて、相続手続用の書類を送ってもらっていたので、それに記入をして持参。それでも窓口での待ち時間は長く、移動時間も含めると1日に3か所が限度であるように思う。明日はあと2か所回る予定。

　ゴルフ会員権は、名義変更しようとしたら、省吾様が退会手続きを希望されたので、名義変更の代わりに退会手続きをお手伝いすることにした。

Talk & Study

一橋

遺言執行者として金融機関で預貯金の払戻手続きをするというのは、結構手間ひまがかかります。まずは書類の記入ですが、金融機関によってまったくと言っていいほど、書類の書式や添付すべき資料が違うんです！　同じ金融機関でも支店が違ったり、同じ支店でも担当者が途中で替わったりすると、扱いが微

妙に異なるということもあります。

そのたびに、本店に確認を入れてもらい、不備が出ないように何度も窓口の方に念を押しますが、それでも後々「不備が出たので書き直してください」という連絡が入り困ることも多々あります。

事前に、電話連絡をして必要書類などを確認していてもスムーズにいかないこともありますね。

ある金融機関で「遺言執行者が親族ではないケースは経験したことがない」といわれて、たらい回しにされ唖然としたこともあります。

木野

私は補助者に窓口に行ってもらうこともあります（64頁の委任状参照）。その場合も、遺言執行者から補助者への委任状の要否など細かい手続きが金融機関によって異なりますので、事前に問い合わせておくべきでしょう。

一橋

金融機関の中でもメガバンクは窓口の担当者によって対応が違ったり、同じ銀行でも支店によって違う場合もあります。そのため、私はできるだけ最初から支店長などしっかりと対応できる方とお話をするようにしたり、その場で本部の相続担当窓口に確認の電話を入れてもらい不備が出ないようにしています。

ゆうちょ銀行は、相続人がゆうちょ銀行に口座を持っていない場合は他金融機関に振込をしてくれないため注意が必要です。現金300万円を手渡されて近くの銀行から相続人の口座に振り込むまでの間、ヒヤヒヤしたことがあります。

農協は名称が変わると、まったく違う金融機関だと思ったほうがいいです。千葉県にある農協でも、例えば「JAちば東葛農協」と「JAとうかつ中央農協」では頭に「JA」が付いているか

らどちらでも近いほうに行けば手続きができると思いがちですが、「JAちば東葛農協」では「JAとうかつ中央農協」の手続きができませんし、その逆も同じです。

また、相続手続きを扱う窓口はたいてい空いているのですが、ブースに案内されて書類を提出した後に待たされる時間もバラバラです。担当が慣れていなくて3〜4時間待たされたこともあります。

郵送提出でもよいか、あるいは、その口座のある支店の窓口に出向かなければならないかも、金融機関によってまちまちですね。私はそのために東京から三重県の熊野にある某金融機関まで日帰りで行ったことがあります。数年前のことなので今は改善されているかもしれませんが。

木野

確かに金融機関によっては支店の窓口に出向く必要があるケースがありますね。私も昨年の遺言執行で厚木まで行ってきました。広島に行ったケースもあります。

一橋

今回は5つの金融機関でしたが、郵送提出OKのところが多かったので、最初は1か所ずつ順番に郵送しようかと思いました。でも、公正証書遺言正本は1通しかないので、5つの金融機関と順番に郵送で計5往復するのは時間がかかり過ぎると思って、2日間で集中して窓口を回ることにしたんです。

ミチオ

窓口だと、原本はその場でコピーして返してくれますから、1日にいくつも回れます。それから、相続手続きの書類はどういうわけか複写式になっていないことが多く、いわゆる「お控え」が手元に残りません。あらかじめ自分でコピーを取っておき、

木野

窓口で「書類預り書」を取り付けることが必要です。

相続コンサルタントとしては、事前準備はもちろん、窓口での交渉力も重要です。些細な不備で書類を突き返されて後日出直しということにならないよう、例えば「おたくの銀行の〇〇支店では、さっきこの書き方で通りましたよ」とか「その書類なら至急後から送りますので、ひとまず今日受け付けて手続きを進めていただけませんか」とかね。また、窓口の担当者があまりに頼りない場合は支店長など責任者を呼んでもらったり、先ほども説明しましたが、その場で本店に確認の電話を入れてもらうこともあります。

以前、遺言執行者の意味がわからない窓口の方もいましたので、なるべく責任者など手慣れている方に対応をお願いするようにしています。

本件では遺産に有価証券が含まれていませんでしたが、証券の相続も預貯金と同じような感じでしょうか。

証券の場合は、郵送でのみ受付けという場合が多いです。相続の方法は、68ページを参照してください。相続人が同じ証券会社に口座を持っていないと名義変更も移管も売却もできませんので要注意です。

相続に伴ってゴルフ会員権を換金したことがありますが、ゴルフ場運営会社の担当者は相続手続きに慣れていない場合が多いという印象です。遺言書があるのに、相続人全員の署名押印を求められて一悶着したことがありました。

 **Scene7** 葬儀費用の精算と
祭祀承継

　遺言執行者になると、相続人から思わぬ相談が入ることもあります。遺言執行の範囲内かどうか、弁護士法などに違反しないかどうか、見極めてから対処することが大切です。

業務日誌

令和6年3月15日
　奈美様から「葬儀費用と香典と四十九日の法要の収支をまとめた表を作ったので、見てほしいのですが」と連絡があった。
　「まずは税理士の大原先生に資料を送ってください」と答えると、「大原先生には、すでに送ってあります。誠吾や真弓に法定相続分に応じた分担をしてほしいと伝えてほしいのです」とのこと。さて、どうしたものか……。
　そういえば、遺言書の第4条の祭祀承継者の指定については、遺言執行者としては何をやったらよいのだろう。霊園に問い合わせて管理者の変更手続きを調べてみたほうがよいだろうか……。

Talk & Study

一橋

お客様は、相続チーム内の誰にどの情報を知らせるのが適切なのか、全然わかっていないと思ったほうがいいです。相続税関係の質問だったり、不動産の登記のことだったりと、とりあえず相続コンサルタントに質問が来ることが多いですね。誰に伝えたらよいかわからないことは、とりあえず相続コンサルタントに相談を持ち掛けてきますので、我々は常に全体の状況を士

業と連携を密にして把握しておく必要があります。

そのうえで、適切なアドバイスや「この場合は税理士に」「この件であれば弁護士に」とお客様にお伝えし、全体の交通整理や司令塔となる必要があります。

木野

葬儀関係は、特にわかりにくいかもしれません。お客様にとっては身内の方が亡くなって、葬儀をしてその後の法要をするという一連の出来事なのですが、死後に生じた費用は相続債務ではないので遺産分割でも法的には考慮されませんし、もちろん遺言執行の範囲外です。ところが相続税の算定には通夜・告別式の費用までは入ってきますね。

納骨して、さてお墓を誰が守っていくかという話になって、相続人の間で話がまとまらずに弁護士に相談すると「お墓のことは遺産分割とは別の類型なので、祭祀承継者指定の調停をしましょう」ということになります。

ミチオ

相続コンサルタントは、そうしたお客様の相談窓口になって、交通整理をする役割なんですね。

一橋

葬儀費用は法的には遺産ではないので、喪主の負担となるということも、一般の方はまず知りません。

木野

確かに、「法律の常識は世間の非常識」と言われますね。もちろん、自分の肉親が亡くなったのだから、法的にどうであろうと葬儀費用を皆で負担しましょうということで、相続人同士の話合いで解決することが多いです。

相続コンサルタントがその調整をするのは、遺言執行業務の範囲外ですよね。親切心から調整しようとして介入すると、紛争に巻き込まれたり、ある特定の相続人の意見を代弁することになったりして、弁護士法違反になる可能性もありそうなので、私はいつも中立を心がけ必要以上に感情移入しないよう気を付けています。

中立性を保つというのは、常に意識しておく必要がありますね。

山間や海洋での散骨を希望する人も増えていますが、葬儀の方法については、遺言執行というよりは死後事務委任の範囲ですね。

私は終活の仕事もしているので、葬儀方法のご相談はよく受けます。最近ではこぢんまりと家族で見送りたいとか、葬儀そのものを執り行わず、霊安室から直接火葬する直葬のご相談も増えています。

祭祀承継とお墓のことについても教えてください。

祭祀承継の中には、お墓の管理者の書換えの手続きも入ることが多いですね。遺言執行者としてどこまで介入して取り次ぐかは相続人の皆さん（特に祭祀承継者に指定された方）と協議をして行うのが現実的でしょう。

お寺や霊園によっては遺言執行者名ではなく相続人の署名押印を必要とする場合もあるようです。

木野

祭祀承継者に指定された相続人は、自分の責任で墓じまいをすることもできます。

一橋

墓じまいのご相談もよく受けます。人口動態調査によると2022年10月1日時点で日本の人口は1億2,494万7,000人となり過去最大の75万人減少（前年比）ということですが、少子高齢化の影響やおひとり様の増加で、そもそも相続人がいない方、お子さんがいないご夫婦、お子さんが女の子だけや遠方に住んでいるという理由で墓じまいを考えるようです。

 遺留分侵害額を求める
通知書が来た！

　皆さんは、内容証明郵便を受け取ったことはありますか？　誰でもドキッとするものですよね。

　ミチオ君のところにも何やら届いたようです。

業務日誌

令和6年3月22日

　自分宛てに見慣れない内容証明郵便が届いた。開けてみると真弓様からの遺留分侵害額請求の通知書が入っていた。

　自分はただの遺言執行者なのに、こんな通知書を受け取ってしまってよいのだろうか。

　真弓様によると、省吾様が相続した遺言者の自宅土地建物は時価1億円、越谷のマンションは3,900万円だそうだ。預貯金4,100万円を足すと遺産総額1億8,000万円になる。確かに遺留分を侵害しているけれど、真弓様がもらったはずの生前贈与のことにはなぜか触れられていないようだ。

　午後になって省吾様から連絡があった。まったく同じ文面の内容証明郵便が来たそうだ。

　省吾様によれば、「遺留分は内心覚悟していたので、適正な金額であれば払うが、自宅土地建物の時価評価が高すぎておかしいし、真弓のもらった生前贈与も計算に入れるべきだ」とのこと。

　懇意にしている弁護士の十和田先生を紹介することにした。相続人間の争いに巻き込まれたくないので、自分は弁護士との打合せに同席するのはやめよう。

○遺留分侵害額請求通知書

山之内省吾殿
山之内誠吾殿
遺言執行者田中ミチオ殿

ご　通　知

令和6年3月21日

南村真弓代理人弁護士　◇◇　◇◇

拝啓　時下ますますご隆盛のこととお慶び申し上げます。

　当職は、故・山之内慶吾殿（令和5年12月1日死亡・最後の住所○○○）の遺産に関する遺留分侵害額請求について、慶吾殿の相続人である南村真弓（以下「通知人」といいます。）から委任を受けた弁護士です。

　慶吾殿作成に係る令和5年6月28日付け公正証書遺言によりますと、遺産総額が1億8,000万円（東京都杉並区○○所在の自宅土地建物の時価1億円、埼玉県越谷市○○所在のマンションの時価3,900万円、預貯金4,100万円）であるのに対し、山之内省吾殿は1億4,100万円、山之内誠吾殿は3,900万円をそれぞれ取得し、通知人は遺産をまったく取得しないという内容になっております。

　したがいまして、上記公正証書遺言は通知人の遺留分（6分の1）を侵害することが明らかですので、通知人は、本書面をもって、遺留分侵害額である3,000万円（山之内省吾殿と山之内誠吾殿との間で、取得した遺産の価額に応じて上記金額を按分）を請求いたします。

　もっとも、兄妹間のことですので、通知人としては必ずしも上記にこだわらず柔軟な解決をしたいと希望しておりま

す。

　本件に関しては、今後、通知人本人ではなく当職までご連絡ください。

　よろしくお願い申し上げます。

敬具

Talk & Study

ミチオ

とにかく、驚きました。付言であれだけ慶吾さんが揉めないように真弓さんへの愛情や想いを書いたにもかかわらず、請求してくるんだということにもショックを覚えました。

木野

理屈の上では遺言執行者が遺留分侵害額請求を受けることもあるわけですが、実際に書面が送られてくるというのは珍しいほうだと思います。

一橋

私は、遺言無効確認調停の申立書を受け取ったことがあります。公正証書遺言の無効申立てですからね、ビックリしました。

ミチオ

民法改正前は「遺留分減殺請求」と呼ばれていたのですよね。

木野

そうです。民法改正によって、令和元年7月1日以降に相続開始（遺言者の死亡）となったケースでは、遺留分は必ず金銭で支払うということになりました。改正前は、不動産などの共有持分を現物で渡すことが原則だったのですが、改正後は不良債権や未上場株式なども金銭に換算して遺留分相当額を渡さなくてはならなくなりました。

一橋

遺言書作成時に今まで以上にしっかりと遺留分対策を考えない
といけませんね。相続財産で払いきれない場合は相続人が自分
の個人資産から支払うか、不動産を売却して支払うことになり
かねませんから。

ミチオ

不動産の価格が納得いかないというところが、今ひとつピンと
来ません。

一橋

不動産は一物四価と言って、

① 実勢価格：実際に不動産を売買する際の取引価格における
　過去の平均的な金額。『時価』といわれるもので、取引事例
　や近隣の取引価格を参考にすることが多い。

② 公示価格：国土交通省が毎年1月1日時点の土地を算定し
　た価格。一般の土地取引の指標とされる。

③ 路線価（相続税評価額）：国税庁が算定するもので、毎年
　1月1日時点の価額で7月に公表され、公示地価の80%を
　目安に決定されている。

④ 固定資産税評価額：固定資産税を徴税するために固定資産
　税の算定の基礎となる土地価格を評価したもの。3年に1度
　前年1月1日を基準にして公表され、公示地価の70%を目
　安に決定される。

……という4つの評価方法があります。この中のどれを元に評
価額を決めるかで、揉めることが多いですね。

木野

調停や訴訟など司法の場では時価となることが一般的ですが、
当事者が合意すれば路線価でも固定資産税評価額でもかまいま
せん。

ミチオ

自分が先にもらった生前贈与の分や生命保険金の 1,500 万円を棚に上げて、きょうだいに請求するって、どうなんでしょう。

一橋

自分に不利なことは相手から指摘されるまで触れないというのがむしろ普通だと思いますよ。この件では生命保険の受取人は真弓さんにしないほうがよかったかもしれませんね。生命保険は受取人固有の財産なので遺産分割の対象外ですし、遺留分も原則対象外ですから。また、真弓さんの名前で書かれた書面でも、実際には司法書士などの法律家が代書している可能性もあります。

ミチオ

内容証明郵便って、宣戦布告みたいなイメージを受けます。僕も就任通知や終了通知を内容証明郵便で送ればよかったのかな。

木野

内容証明郵便は、配達証明とあわせて、いつどのような内容の書面が相手に届いたかを明らかにする必要があるケースに使います。

今回の遺留分侵害額請求通知書は、消滅時効期間（相続の開始及び遺留分の侵害を知った時から 1 年間）内に相手に届いたことを客観的な資料によって明らかにしておく必要があるので、このケースに当たります。

実際には、そのような必要がないケースでも、正式な申入れであることを強調するために内容証明郵便が使われることもあります。受け取る人は、ミチオ君のように「宣戦布告された」ようなイメージを抱くことが多いので、遺言執行者の就任通知や終了通知を内容証明郵便で送るのはやめたほうがよいでしょう。書式が厳格なので、遺言書などのコピーを同封することはできません。

一橋

遺言執行者としては、せいぜい弁護士を紹介するぐらいで、静観するのがよいと思います。ここでは「弁護士とチームを組んで協働する」というよりは、「弁護士に任せて自分は関わらない」というスタンスが正解。

相続人同士の揉め事に首を突っ込むことほど不毛なことはないですし、場合によっては弁護士法に抵触することになりかねません。

Scene1 で説明した家族会議とはまったく意味が違いますね。

Scene9 遺言執行終了通知

遺言に従った遺産の分配が無事に終わり、終了通知を出せば遺言執行者としての職務は終了となります。

業務日誌

令和6年4月20日

　今日、ようやく預貯金等の払戻手続きが終了し、報告をまとめて終了通知書に記載した。

　返還する書類のうち、遺言書正本と戸籍一式は相続人代表者として省吾様に返却し保管してもらうこととした。

　終わったと思ったとたん、奈美様から連絡があり、「医療費の払い忘れがあったみたいだけれど、こちらで払ってしまってもよいでしょうか」との問合せがあった。確か、相続債務は遺言執行者の職務の範囲外だったはずだけれど……。

○遺言執行業務終了通知書

遺言執行業務報告書　兼同終了通知書

令和6年4月20日

故・山之内慶吾様遺言執行者　田中ミチオ

　小職は、遺言執行者として、故・山之内慶吾様の令和5年6月28日付け公正証書遺言の執行を行い、本日すべての業務を終了いたしましたことを相続人の皆様に通知いたします。

　具体的な業務の内容は、①上記遺言の第1条に基づく相続

人山之内省吾様への東京都杉並区○○所在の土地建物の移転登記手続き、②同第2条に基づく相続人山之内誠吾様への埼玉県越谷市○○所在のマンションの移転登記手続き、③同第3条に基づく預貯金の解約払戻しと相続人山之内省吾様への払戻金の送金、④同第4条に基づく相続人山之内省吾様への△△霊園におけるお墓の承継手続きです。ご不明の点がございましたら小職までお問い合わせください。

　遺言執行業務の終了に伴い、上記遺言の第6条及び令和5年6月28日付け遺言執行報酬確認書に基づく遺言執行報酬請求書を追ってお送りさせていただきます。

　最後になりましたが、遺言執行へのご協力を誠にありがとうございました。

Talk & Study

ミチオ

遺言者が亡くなってから遺言執行終了までに4か月半というのは長いほうでしょうか？

一橋

ケースバイケースなので一概にはなんとも言えません。資料を集めたり手続きをしたりという作業は、常に相手のあることなので、遺言執行者のほうで早く進めようと思っても、なかなかコントロールできないんですよね。実際、半年かかったケースもあります。

ミチオ

終了通知書には、遺言執行内容の報告を詳しく書かなくてはならないのですか。

木野

はい、法的には遺言執行者は委任契約の委任者と同じ義務を負っています。途中で報告を求められたときには対応しなければなりませんし、終了時には特に求められなくても経過や結果を相続人に報告すべきとされています。ただ、終了時までに、各相続人は遺言執行者と連絡を取り合って預金の払戻しや登記の移転などを確認していますから、終了時の報告はそれほど詳細なものでなくてよいと思います。相続人から個別に問合せが来たら必要に応じて説明すればよいでしょう。

一橋

公正証書遺言の正本と戸籍一式は、省吾様に今後も保管しておいてもらうとよいと思いますよ。遺留分や遺言の効力などのトラブルが起こる可能性もありますし、二次相続が 10 年以内に起こった場合には一次相続の遺言書が相続税申告で必要になります。同じく、戸籍も保管しておいたほうがよいでしょう。自分や親族の本籍地がパッと思い浮かばない人も多いので、一揃い手元に置いておけば、今後の相続等の場面で何かと役に立つと思います。私は一式をファイリングして返却するようにしています。

ミチオ

今さら初歩的な確認ですが……、医療費などの相続債務の支払いは遺言執行者の職務の範囲外と考えて大丈夫ですよね？

木野

はい。遺言書に誰が債務を負担すべきかを記載しても、債権者に対しては効力がないので、遺言執行者の職務の範囲外です。債務は相続開始と同時に、法定相続人が法定相続分どおりに負担するというふうに考えられています。

一橋

そのあたりもお客様にとってはわかりにくいんです。ですから職務の範囲外だからと放っておくのではなく、きちんとご説明することも相続コンサルタントの役目の１つですね。

Scene10　報酬請求、そして……

最後に、遺言執行者の報酬請求が待っています。
でも、それだけで終わりにしてしまってよいのでしょうか……？

業務日誌

令和6年4月23日
　省吾様と誠吾様に遺言執行報酬請求書を送付した。
　不動産は固定資産評価証明書記載の評価額を基礎として算定した。
　登記移転にかかった実費は、司法書士の水上先生が省吾様や誠吾様に請求済みなので、それ以外に自分が出した実費をまとめて報酬と一緒に請求した。
　5か月近くかかったが、これで一件落着だ！
　ところで、省吾様の相続についても対策が必要なのではないか。省吾様と奈美様とは籍が入っていない内縁関係だし、お子さんはいないらしいし……。

Talk & Study

一橋

報酬請求という段階になって初めて、遺言者との間で前もって遺言執行報酬確認書を取り交わしておくことの重要性がわかったのではないでしょうか。
相続人から報酬について何か問合せがあっても、遺言執行報酬確認書があればご説明できますからね。

ミチオ

そのとおりです。結構、こまごまと実費がかかりましたし、金融機関の窓口巡りも1日半かかりました。慶吾様と交わした契約だからこそ、実費精算や日当を定めておくことで、遺言執行者も相続人も双方が納得できると思います。

木野

遺言執行業務を1件終わるごとに、自分で使っている遺言執行報酬確認書のひな型を見直してみることが望ましいです。遺言書作成と同時に遺言執行確認書を取り交わしてから、実際に遺言者がお亡くなりになるまでには、十数年、あるいはそれ以上の年月が経つこともよくあります。資産の種類を組み替えたり、生前贈与をしたり、ご家族の間の関係も変わるものです。あらゆる事態を想定して、「こういう場合はどうなんだ？」という疑義の起こりにくい遺言執行報酬確認書を作っておくべきでしょう。

ミチオ

報酬算定の基礎となる不動産の評価額が悩ましかったです。遺言執行報酬確認書に「固定資産税評価額による」とちゃんと書いておけばよかったんですね。小規模宅地特例適用後の路線価を基礎に算定すると言われる可能性もないわけではないですし。

一橋

あと、本件では真弓様の取得した保険金や生前贈与は遺産ではないので報酬基礎額には入らないことに注意すべきです。実際、保険金の分まで請求されて払ってしまったというお客様を知っています。この件では、不当な報酬を返還してもらうなどの手続きを木野先生にお願いして、全額ではありませんが、一部を取り戻していただきました。
最後に、ミチオ君が省吾様へのアドバイスの必要性に気づいたのは素晴らしいです。省吾様は奈美様と内縁関係にあるため、

省吾様も奈美様も遺言を用意しておく必要がありますね。

ミチオ

でも、どうやって切り出したらよいか、うまい方法はあるでしょうか。

木野

省吾様や奈美様とは最後に顔を合わせておいたほうがよいと思います。公正証書遺言の正本や戸籍一式を返還するという理由で打合せの機会を設けてみてはどうでしょう。

一橋

私なら、「きちんと完了した報告をお父様（遺言者）にもしておきたいのでお線香を供えに行かせてください」とお伝えします。その際に、書類をファイリングして持参すると好印象だと思います。あと、省吾様はもともとミチオ君の会社の相続相談会に足を運んでくれたお客様なのだから、今後も相続セミナー等のイベントの案内を送ってみるとよいと思います。

ミチオ

何だか、今後も省吾様や奈美様からご相談がありそうな気がするんですよね。

一橋

まさにそれが相続コンサルタントの役目です。慶吾様の遺言執行業務は終わっても、事実上、これからもあれこれと問合せはあるでしょう。相続税申告はこれからだし、遺留分の争いも始まりかねないわけですから。専門外の事項については、距離を置くべきですが、新たに自分の相続対策をやりたいということなら、積極的に関わっていってよいと思います。
ぜひ、お二人に遺言の作成をお勧めするところから始めてください。

※　本事例はあくまで一例であって、必ずこのようなやり方で遺言執行をやらなければならないというわけではありません。

おわりに

理念を持つことの大切さ

　相続を取り巻く環境は、年々変化してきています。

　本書の初版が発行された令和元年は、民法が約40年ぶりに改正された年です。

　また、改訂版が出版された令和5年も、相続土地国庫帰属制度が4月27日に施行され、相続登記の申請義務化も令和6年4月1日施行と、相続実務への影響もさらに大きくなっていくことが予想されます。

　第1章でも触れましたが、相続・終活系の資格も年々増えてきています。これらの資格を取得している相続コンサルタントの人も多いのではないでしょうか。

　筆者らも取得している「相続診断士」の資格でいえば、取得者の職業は金融・保険業の人が約半数で1位、不動産・建設業の人は2位で3割強となっています。

■ 相続診断士の資格者業種

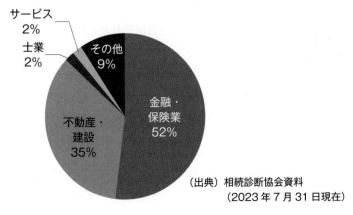

（出典）相続診断協会資料
（2023年7月31日現在）

ではなぜ、相続・終活系の資格が増え、取得する人も年々増えているのでしょう。亡くなった人の遺産総額は年間約50兆円ともいわれ、それが2030年までには累計1,000兆円になると推計されています。高齢者への資産偏在が指摘されており、何となく「相続の仕事は儲かりそう」というイメージがあるのかもしれません。

　相続が発生すれば大きなお金が動くのですから、ビジネスチャンスととらえることは間違いではないでしょう。ただ、高齢者を対象にしたトラブルも年々増加傾向にあります。

　近時話題になった郵便局員による保険の不適切営業問題や銀行窓販での外貨建て一時払い終身保険絡みのトラブル、成年後見人による不正や横領事件……。こうしたニュースに接するたびに、相続・終活に関わる仕事をする人や高齢者を相手に仕事をする人の中には、単なるお金儲けの手段としてしかクライアントを見ていないモラルの低い人がいることに心が痛みます。

　どの資格でもどの職業でも同じですが、何の理念もなく、目先のお金儲けにとらわれてしまうと、顧客の利益を害することになってしまいますし、結果としてその事業者自身の信用が失墜し、やがては市場から消えていくことにもなりかねません。

　相続診断士の場合は、理念の一つとして「笑顔相続」があります。自分たちの活動によって、争う相続を1件でも減らして家族が笑顔で相続を迎え、家族としての絆を取り戻して次の世代に引き継ぐお手伝いをすることを使命としているのです。

核家族化によって失われた家族の絆

　争う相続が増えた背景には、家族制度の変化があります。

　かつて日本は家督制度でした。その時代には一人の相続人がすべての財産を相続する代わりに親やきょうだい、あるいは親族すべてを扶養して面倒をみてきました。

「兄に大学まで出してもらった」「兄が嫁入り道具一式をそろえて
くれた」という話を高齢の人から聞いたことはありませんか？　そ
れは家督制度での家長・戸主といわれていた人がきょうだいの面倒
をみていたことの表れです。

　このように、家督制度のもとでは戸主の権利と義務が一体となっ
ていたのです。墓を守り一族を守り、また親の介護をし、きょうだ
いの面倒をみるからこそ、すべての財産を戸主一人に集中させたの
です。

　その時代は家族の繋がりが強く、核家族という言葉もなく「サザ
エさん」の磯野家のように複数の世代が大家族で暮らしていました。
現在はどうでしょう。

　核家族化が進み、祖父母と離れて育つことは当たり前になってき
ています。その結果、親子・きょうだい間でコミュニケーションを
とることが少なくなりました。

　元来、日本人は「察しと思いやり」を大事にしてきましたが、「親
子なんだから」「きょうだいなんだから」という理由で「はっきり
と言わなくてもわかるだろう」という考えは、大家族で暮らしてい
た時代には通用しましたが、核家族化した現代では幻想にすぎませ
ん。

　それでも親は昔の大家族の名残で「うちの子たちに限って、財産
のことで揉めるはずはない」と信じており、子どものほうは「うち
のきょうだいは絶対に揉める」と考えていたりします。

　きょうだい間でも、次男が「自分は長年親と同居し、苦労して介
護してきているから、兄や姉は私に感謝しているはず。親も自分を
跡継ぎと見ているだろう。遺産をたくさんもらって当然だ」と考え
ているのに対し、遠方に住んでいて次男の苦労など知らない兄や姉
やその配偶者は、「弟は実家に住まわせてもらって、いつも両親か
ら小遣いや生活費を援助してもらっているのだから、遺産を分ける

時には弟の分からいくらか差し引くべきだ」と考えており、大きな隔たりがあることも少なくありません。

　また、少子化により、同じきょうだいでも子どもがいるかどうかで生活スタイルや相続への意識は変わってくるでしょう。

　「姉は子どもがいるので親から多額の教育費を援助してもらっているのに、私には子どもがいないので何ももらえない」と妹が引っかかりを感じているのに、姉は「お母さんが孫のために教育費を援助するのは当たり前。いずれ孫養子にしてもらえば節税にもなる」と画策していることもあります。

　また、「生涯独身だった兄を介護してあげたのに、死後に見つかった遺言書には、趣味でやっていたスポーツの団体に全遺産を寄附すると書かれており納得がいかない」というケースもあり得ます。

　この他、実家が都会にあるか、田畑の多い田舎の村落にあるかによっても、家督制度の名残の比重が異なるでしょう。

COLUMN

「たわけ者」の語源

　現代ではほとんど日常会話には出てきませんが、「このたわけ者が！」と言われると、どのようなイメージを持ちますか？

　愚か者とか、ダメな奴と言われた気がしますよね。時代劇などでこの言葉を聞いた方もいるのではないでしょうか？

　語源を調べてみると、漢字では「戯け」「田分け」などの字が出てきます。ここでは「田分け者」とする説の話をしましょう。

　明治時代に廃藩置県で地租改正になる前までは、日本は石高で国力を測っていました。石高とは米の生産量を表し、その生産量に応じて動員できる兵力が違い、大名・旗本の収入及び知行や軍役等諸役負担の基準でした。

農民に対する年貢も石高を元に徴収されていますから、いかに米の収穫量が大切かわかると思います。

　この時代、農民も含めて一族の富は家長に集中していました。もし、今の民法のようにきょうだいが平等に相続できるからといって田を分けたらどうなるでしょう。

　畦（あぜ）が増えることによって田の面積はどんどんと小さくなり、米の収穫量もどんどん少なくなります。それでは年貢を納められないし、武士は兵を養うことも兵を集めることもできません。

　家も国も衰退していくか、他国に乗っ取られることになります。「田を分ける奴は愚か者だ」ということですね。

　それが「たわけ者」の語源を「田分け者」とする説です。この説によれば、今の民法での法定相続分による遺産分割は「たわけ者」のすることとなってしまいそうです。

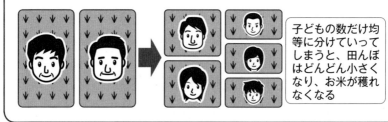

子どもの数だけ均等に分けていってしまうと、田んぼはどんどん小さくなり、お米が穫れなくなる

相続コンサルタントの役割

　このように、核家族化や少子化が進んだことで家族の絆が弱くなり、子どもが親のお金を当てにしたり、コミュニケーションを取らないのでお互いに何を考えているのかわからなくて疑心暗鬼となったり、家督制度のもとで育ってきた親と今の民法下で育ってきた子どもとの考え方にギャップがあったりして、争う相続が増えていく。——これが、現状のように思います。

　家族の絆を取り戻す、というと大仰に聞こえるかもしれませんが、

人の感情とお金の勘定の混ざり合った家族間の問題点を洗い出し、対策を考え、時には家族間のコミュニケーションの橋渡しをすることこそが、まさに相続コンサルタントの役割といえるでしょう。

そのためには、狭い分野の専門的知識があるだけでは足りず、幅広い知識（浅くてもかまいません）とコミュニケーション能力、そして、さまざまな分野の専門家と連携してチーム編成できる人脈が必要です。

コミュニケーション能力の中でも特に大事なのは「聞く力」でしょう。終活や相続の相談の特徴は、「○○のご相談をしたいんですけど」といって最初の連絡をもらった時の相談内容が必ずしも相談者の真に解決すべきことと一致しているとは限らないことです。子どもの頃の家族関係やエピソード、相談に来たきっかけなどを丁寧に聞いていくと、相談者自身も普段意識したことのないような心の奥底の思いがぽつりぽつりと浮かび上がり、そうするうちに予想もしなかったような問題点が現れてくることも珍しくありません。

AIには相続コンサルタントの仕事はできない

遺言書による相続対策を進めるには

問題点が浮かび上がり、相続コンサルタントによるサポート体制が整っていても、肝心のご本人がその気にならなければ相続対策は

進みません。

　日本では令和 4 年の死亡者約 158 万人のうち公正証書遺言作成数は 11 万 1,977 件、自筆遺言検認数は令和 3 年には 1 万 9,576 件で、1 割弱の方しか遺言書を書いていません。

■ 公正証書遺言の作成件数と自筆証書遺言の検認の件数

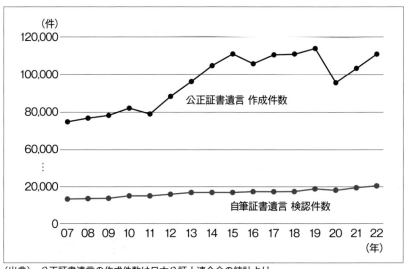

（出典）　公正証書遺言の作成件数は日本公証人連合会の統計より。
　　　　　自筆証書遺言の検認件数は司法統計より。

　前述のように親世代と子世代の生きてきた時代背景が異なることによる意識のギャップがあるほか、日本人は「死」というものをタブー視し、亡くなった後のことを話すのは縁起が悪いと考えているため、思うように相続対策が進まないのかもしれません。

　「遺書」と「遺言書」の違いを勘違いされている人も多くいます。子が親に遺言書の話をしようものなら「そんなに早く死んでほしいのか？　自分はまだまだ死なない（死ぬつもりはない）」といって怒り出す親もいるのです。

遺言書を書いておけば家族が仲良くなるわけではありませんが、遺言書があることによって相続人間の争いは確実に減らせると思います。

　また、遺言書の付言事項、あるいはエンディングノートの中で、どうして自分がこのように財産を分けたいと考えたのか、家族に対する想いを言葉で遺せば、さらに争いの数は減るでしょう。

「役割相続」という考え方

　一般社団法人相続診断協会の小川実代表理事は、遺産を分配する時の考え方として、「役割相続（相続人が果たした役割に応じて遺産の分配をすること）」という話をされています。

　墓を守っていく役割を担う子ども、親の介護という役割を担ってくれた子どもが、他のきょうだいと同じ相続分割合であることに納得がいかなくて争いが起こるのであれば、親が遺言書を書いて、それぞれの子どもの役割に応じた財産の配分を決めておけばよいわけです。

　本来なら、生前に子どもたちとしっかりコミュニケーションをとり、そのような考えを話して納得してもらうのが一番よいわけですが、なかなかそこまではやりきれない人も多いでしょう。

　だからこそ、相続コンサルタントとして業務に携わる人には、相続の相談を受けた際にコンプライアンスに気を付けて「家族間の話合い」を支援したり、遺言書の作成をお勧めしたり、エンディングノートを推奨したりしてほしいと思います。

　また、おひとり様が孤独死・孤立死しないようなサポート体制のお手伝いも重要なことです。

遺言執行の位置づけ

　他の章でも何度か触れましたが、遺言書の作成とあわせて、相続

コンサルタントが「遺言執行者としてしっかり遺言内容を実現します」と約束することは、遺言者にとって非常に安心感の大きいものです。

　しかし、だからといって「事務作業としてこなす」「実入りがいいからやる」ではなく、遺言者がどのような家族関係や価値観のもとで遺言書を書いたのか、何を願っていたのかという想いを理解して遺言執行者を進めることも重要です。

相続コンサルタントの育成

　相続コンサルタントという職業がまだ社会的に認知されているとはいえない現在、筆者らは、しっかりとした理念を持った相続コンサルタントを育成することに力を入れています。

　「相続マーケットは儲かりそうだから」という理由で参入してくる相続コンサルタントではなく、「家族の絆を取り戻し、子を産み育てていくことに希望が持てるような社会を作って、少子高齢化という危機に瀕している日本という国がまた元気な国に生まれ変わる、そんなお手伝いをしたい」という相続コンサルタントを1人でも増やし、活躍していただきたいと思っています。

　本書を手にしてくださった皆様が、家族の笑顔に繋がるような相続を迎えるお手伝いをするためにお役立てくださることを心より願っています。

　最後に、本書の執筆に当たり多くの方にご助力を賜りました。この場を借りて深く御礼申し上げます。

エピローグ

■各界に広がった相続コンサルの輪

一橋

令和元年に本書の初版を発売してから、早くも４年が経ちましたね。この間に相続業界もずいぶん変化したと実感しています。金融機関の相続業務への参入も目立っていますよね。

木野

はい、同感です。一言でいうと「相続に参入してくる業種が多種多様になり、数も激増した」と感じます。

一橋

世の中全体に相続や終活についてのリテラシーが高まっています。士業も司法書士と相続コンサルタントを兼業する方など「相続コンサルタント」を名乗る人も増えました。

本書の初版が出た頃は、相続に携わる仕事をしている人や金融機関でも「遺言執行者って何ですか？　初めて聞きました」「それは士業でない人にもできるんですか？」という声が多かったものですし、実際、相続コンサルタントが遺言執行を行うことはコンプライアンス違反であると指摘されたこともありました。

それが、今や普通に「遺言執行者」というだけで話が通じるようになり、士業からコンプライアンス違反を指摘されることも激減しました。私は「日本から争う相続をなくして笑顔相続を普及し笑顔相続で日本を変える」ことをミッションにしているので、相続を仕事にする人が増えてきたのは嬉しいことです。

木野

本当にそうですね。遺言執行に関する書籍も増えました。最近、一橋先生が遺言執行や死後事務の仕事をしていて、具体的にこの点が変わってきているな、と感じることはありますか？

■金融機関の対応の変化

一橋

はい、金融機関の対応が変わってきています。

例えば、死後事務サポートに関して、現時点では大手都銀のM銀行だけですが、弁護士・司法書士・行政書士・税理士でない者は手続きができなくなりました。ということは、それらの資格を持たない相続コンサルタントが手続きできなくなったということです。これは、非常に残念なことだと感じていますが、傾向として今後はNGの金融機関が増えていくのではないかと危惧しています。木野先生はこのような金融機関の対応の変化は、なぜだと感じていらっしゃいますか？

木野

「死後事務委任の受任者」というのは事実上の行為を代わりにやってあげている（OK）のか、法的な行為の代理にまで及んでいる（NG）のかによって、微妙なところがあると思います。後者は士業以外の者が行うのは業法違反になってしまいますので、金融機関もよく注意するようになったのでしょう。

一方、遺言執行者については、民法で権限が明記されているので、金融機関も遺言執行者が士業であるかどうかを問わず、尊重してくれるのではないでしょうか。

一橋

それがそうとも限らないんです。

こちらは、大手都銀ではありませんが、遺言執行者の「身分証明書」というものを独自に求める金融機関もあります。これは受任時には、遺言執行者として問題なくても執行時に資格があ

るかどうかを確認しているためと思われます。

その「身分証明書」には以下の内容が書かれているのです。

「1. 禁治産又は準禁治産の宣告の通知を受けていない。

　1. 後見の登記の通知を受けていない。

　1. 破産宣告の通知を受けていない。

上記のとおり証明する。」

いずれにせよ、金融機関の対応が少し厳しくなってきたという
印象です。

■ローカル・ルールに悩まされることも

木野

金融機関によっていろいろですが、同じ遺言執行者でも、士業
とそうでない者とで対応が違うとすれば、どうしてそうなるの
でしょうね。

一橋

そうですね、私の勝手な想像ですが、士業ではない相続コンサ
ルタントが相続実務を行うことにより、トラブルも増えてきた
のではないかと。すべての相続コンサルタントがきちんとした
知識やモラルをもって仕事に当たっているとは限りません。む
しろ、「相続実務は儲かりそうだ」と安易に始めて、金融機関
やクライアントとの間のトラブルが増加しているのではないで
しょうか。実際、私の事務所やチームでは、トラブルやミスを
防ぐためにいろいろなことに気を付けています、その一つが必
要書類の確認です。

金融機関での必要書類は定期的に変わることが多々あるので、
以前執行したことのある金融機関だとしても、必要書類を確認
せずに以前の書類で手続きをしようとすると、「この書式では
書類に不備があります」と指摘され、再度手続きに行かなけれ
ばならないようなことがあります。

金融機関はコロナ禍以降、予約制となっているところが多く、なかなか予約が取れないため、執行のスケジュール全体が不備一つで大きく遅れてしまうこともありますから要注意です。

それから、ゆうちょ銀行は特に要注意です。地方に行けば行くほど局ごとのローカル・ルールがいまだに存在しています。このことをＳＮＳで発信したら、そんなことあるわけないと叩かれましたが、実際あるから困るのです。書類一つとっても会社近くのＡ局は事務員の身分証を求めないのに、Ｂ局で手続きをしようとすると、確かに当社が雇用しているという証明を出してくれと言われる、などといったローカル・ルールが存在しています。そういう意味でも、Ａ局がＯＫだったとしてもＢ局で手続きする際には、必ず必要書類の確認を行うようにしています。

木野

そうなんですね。相続手続きは郵送でのやり取りが基本になりましたし、金融機関側の手続きも簡素化・明確化されたように思います。

私は、最近は金融機関から送られてくる相続手続説明の書類を読むのをやめて、どの銀行にも相続届などの所定の書面のほか、遺言書と除籍（戸籍）謄本と遺言執行者の本人確認証・印鑑証明書など、「経験上、これは絶対必要だと思われるもの」が揃った段階でとりあえず送るようにしています。

これだけで結構すんなり手続完了となり、しばらくすると「振り込みました」というお知らせが来ることもあります。不足書類の追完指示が来た場合にはそれにピンポイントで対応（不足書類の郵送）をすればよいわけで、そのほうが断然ラクです。

一橋

はい、当社もいつもやり取りしている金融機関は、郵送でやり取りすることがコロナ禍以降は増えました。事前に必要書類の

確認の電話はしますが、基本、木野先生がおっしゃるとおりだと思います。気を付けたいのは、新規での取引銀行やゆうちょで、遺言執行者自身が手続きを行わず、事務員などに委任する場合は特に要注意と感じています。

■やるべきことと、やってはいけないこと

木野

一橋先生がこの４年間でいろいろな案件を扱ってきた中で得た「手続のコツや工夫」があれば、教えてください。

一橋

そうですね。まず１点目は、なじみの支店や局を作ることでしょうか。よく利用している当社近くの局は覚えてもらっているため、若干の不備を出しても、書類を通してくれます。これも局ごとのローカル・ルールということになるのでしょうね。そういう意味では公証役場も顔なじみになると融通が利きますよね。

２点目は、死後事務委任などで預託金を預かる場合は、売上げを管理している口座とは別の預託金専用口座を作って別管理しています。また、その口座は無利息型普通預金で作ることが望ましいでしょう。理由としては、万が一金利が付くと、その金利の取扱いが難しくなるからです。

木野

死後事務委任契約は、最初の契約時の段階でまとまった金額を預託金として受け取ることもありますからね。望ましい取扱いだと思います。

逆に、「これは相続コンサルタントタントがやるべきではない」と感じた事柄はありますか。

一橋

遺言執行者が相続登記できるようになりましたが「法的にできる」と「実務的にやれる」は違うため、司法書士に依頼することが正解だと思っています。絶対にやらないことが、この相続登記です。

木野

なるほど、遺言執行の場面でも多業種とのチームワークは大切ですね。自分が直接やることがベストではなく、得意な人と普段から繋がっておくことが大事です。どの業種でも、時期によって多忙で手一杯という場合もありますし、案件や依頼者との相性もありますから、さまざまなタイプの提携先を取りそろえておくとよいですね。
提携先の業種自体に広がりはありますか？

■さまざまな業種との連携

一橋

はい、以前は相続に関係ないと思っていた業種にも助けてもらうことが増えてきました。生前整理業や探偵業ですね。
相続対策を進める中で、遺品整理を子らにさせるより、自分自身が生前に整理しておいたほうがいいと感じる方が増えてきて、自分一人ではやり切れないため、整理を手伝ってくれる人を紹介してほしいと言われることがあります。また、相続人の一人が行方不明で戸籍の附票からもその居場所を確認することが難しい場合などは、探偵業に依頼して行方不明者を探してもらうことがあります。実際、行政書士からの依頼で探偵業を紹介し、行方不明者が見つかって遺産分割協議が進んだという事例があったばかりです。

木野

終活や相続をめぐる問題は、あらゆる知見を総動員しないと解決しないものであることは、私も日々実感しています。

ところで、相続案件で「こういうケースが増えてきた」という
ものは何かありますか?
私は弁護士なので、トラブルに発展した案件を多く扱っていま
すが、子ども世代が「親に遺言書を書かせる合戦」をしてしまっ
ているケースが多くなったと感じています。

少し前までは「遺言書を書く必要なんかない」という人が多かっ
たのに、良いのか悪いのか自筆証書遺言を作成される方が増え
たように思います。自筆証書遺言なので、内容に不備があった
り、却って揉めさせるような内容だったりするケースも散見さ
れます。

一橋

リテラシーの高まりがもたらした現象なのですが、「遺言書が
あれば自分に有利な相続ができる」「遺言書は何度も書き直し
ができて、一番新しいものが常に有効である」という知識を使っ
て、姉が母親に遺言書を書いてもらったかと思うと、翌月には
弟が母親に違う内容の遺言書を書いてもらう、ということが実
際よく起こっているんです。

木野

遺言執行者にも無関係ではありませんね。遺言執行者に就任し
て職務を始めた後に、「実はもっと後に書かれた遺言書があっ
て、別の人が遺言執行者に指定されている」なんてことがわかっ
たら、目も当てられません。そういう意味でも、遺言者とは定
期的に連絡を取り、顧問契約を結ぶなど日頃から情報が入って
くるような工夫も必要です。

一橋

本当にそうですね。顧問契約は定期的に遺言者と連絡を取るこ
とになりますし、「見守り契約」とも相性がいいですね。私も、

木野

遺言以外のトラブルや懸念事項があれば顧問契約を結ぶことも
あります。見守り契約そのものの場合は、弁護士業をやりなが
らのフォローが難しいため、提携している警備会社を紹介する
ようにしています。

■ここ数年で変わったこと

この４年間をちょっと振り返ってみましょう。一番の変化は、
新型コロナウイルスの蔓延による「人と会えない」生活ですね。
高齢者の生活も孫や親族とも会いにくくなり、孤独化が進んだ
ように思います。その一方で LINE や Zoom などを使えるよ
うになる方が増えるなど、様変わりしました。

一橋

そうですね。ご家族が付き添ってオンラインで相続の相談を受
けたり、施設に公証人を連れて面会に行って、皆ビニール製の
防護服を着て遺言書作成をしたり。

木野

高齢者にはつらい状況だったと思います。高齢者は人と良く会
話をすることが認知症対策にも有効ですし、耳が遠い方も多い
ため、目を見てやや低めの声でゆっくりと話すことも大切です。
そのため、コロナ禍で人にも会えなくなって認知症が一気に進
んだという話もよく聞きました。本来なら相続対策が間に合っ
たはずなのに、残念です。今後も、世の中いつ何が起こるかわ
からないのですから、「いつかやろう」ではなく、気力体力と
もにあるうちに、なるべく早めに相続対策をすることが大切で
す。

一橋

本書の初版は令和元年ですが、同年６月には「老後 2,000 万
円問題」が取り沙汰されていました。その後、この点は相続対

木野

策に影響したのでしょうか。

一橋

そうですね、「子や孫の時代は年金がきちんともらえないかもしれないので、生前贈与を行うことで資産が増えるようにしてあげたい」というご相談が増えたように感じています。

木野

令和２年には法務局による遺言書保管制度が始まりましたね（53頁のコラム参照）。一時は話題になりましたが、実際どうなんでしょうか。遺言能力などが関わる遺言書の法的有効性については何ら保障されないので、よく勉強している人ほど「自筆遺言書を書いて法務局に持って行くよりも、公証役場で相談しながら公正証書遺言を書いた方が安心」という意識を持つかもしれませんね。

一橋

遺言作成のハードルが下がったという意味では一定の効果があったと思いますが、結局、自筆証書遺言の内容が有効か無効かを担保されるわけではないですし、書き方にもルールがあって、決められた余白をきちんととらないで法務局に持ち込んで、その場で書き直しを指示され、面倒になって止めてしまったという話も聞きます。

■業務知識のブラッシュアップが必要

木野

制度というものは、実際にスタートしてみないとわからないものですね。そうそう、「生命保険信託」も、ここ最近の金融商品ですね。一橋先生は生命保険業界も経験されていますが、最近の生命保険業界における相続案件の位置づけなど教えてください。

障害を抱えたお子さんを持つ方からのご相談や、離婚をし、未成年のお子さんを抱えた方からのご相談で「生命保険信託」をご提案することがあります。また、生命保険は相続対策においていろんな場面で活用できるため、私は遺言作成された方には必ずセットで保険契約をお勧めしたりしています。その割には、保険業界の方が相続について学んでいない方が多く残念に思います。

一橋先生がよく「生命保険の8つの力™」とおっしゃっていますが、生命保険と相続の関係の深さは知っていても、実際のケースで活用できるかは別問題。学んで場数を踏むことは大切ですね。

家族信託も相変わらず人気がありますね。木野先生ご自身は、家族信託はよく取り扱われますか?

家族信託はここ10年ぐらいのブームになっていて、特に司法書士や不動産業界で熱心なようです。時の経過につれて、家族信託契約の委託者であった高齢者が認知症になったり亡くなって信託が終了したり……というふうに局面が変わってくるので、時折裁判で争われたりするケースが出始めているようです。弁護士はそういう切り口から家族信託に関わっていくこともできるんじゃないかと思っています。現に私は今、家族信託契約の有効性が争われている訴訟案件を引き受けているんですよ。

そういう意味でも、相続コンサルタントだけではなく相続に携わる仕事をする方は、きちんとした知識とモラルを身に付けて欲しいです。

木野

一般の方の相続リテラシーが高まり、また、相続業界に多数の参入者があるということは、私たち士業や相続コンサルタントも相続に関する知識をアップデートしていく必要があります。一橋先生は、どのような努力をしていますか?

一橋

毎朝決められた時間に1時間ほど相続に関する専門書を読んだり、有料のコンテンツを購入して動画などで学び続けています。また、仲間とも定期的な勉強会を通じて情報共有をしています。

私は「笑顔相続アカデミー」という24時間オンラインで相続・終活について学べるオンラインサロンを主宰していますが、日頃から「知識は礼儀」と言い続けています。遺言執行や死後事務などをきちんと行えない人が増えるとますます、現場での金融機関の対応が厳しくなっていく可能性があるため、お客様のためにもこの仕事を続けていく上でも学び続けてほしいと思います。

■おひとり様の終活はどうなる?

木野

他業種から自分の専門分野以外のことを学ぶことに意味がありますね。知識そのものだけでなく、自分のビジネスへのヒントを得ることも多いです。

一橋先生から見て、今後、相続の場面で増えていくと予想されるケースはありますか? 例えば、だいぶ前から言われていることではありますが、「おひとり様」の終活や相続では、どんなことがトレンドですか?

一橋

2020年の時点で未婚割合は男性28.25%、女性17.81%という結果が出ています(国立社会保障・人口問題研究所「人口

統計資料」より）。今後、子がいない夫婦、そもそも結婚しない人がますます増加することは確実です。それに伴い、「おひとり様」の終活や相続の相談では、自分の財産を寄付したいということから「遺贈寄付」、喪主もいないので葬式はあげなくていい代わりに、生前にお世話になった人へ感謝を伝える「終活式」、墓守がいないことから「樹木葬・海洋散骨」などの相談が増えてきています。

その他、弊社では LINE を使用した見守りサービスの利用者も年々増えていますね。

木野

なるほど、新しいサービスがいろいろ出てきているんですね。私は、「おひとり様」とは逆に離婚や再婚の経歴を多数持つ世代が相続を迎える時期に差し掛かるのかな、という気もしているんです。血が繋がっていない親子がいる家庭を「ステップ・ファミリー」と呼ぶこともありますが、そういう複雑な家庭の相続は、当事者が思ってもいないようなことが起こり得るんです。例えば、「おひとり様」である妹の相続人が、亡くなった兄の子ども（甥・姪）で、別れた妻に引き取られたきり何十年も会ったことがない……とかですね。

一橋

確かに再婚された方からの遺言作成のご相談は増えていますね。つい最近も再婚されたご夫婦の遺言執行者に木野先生と共同で指名されたばかりですね。

木野

あと、養子縁組の活用も増えるような気がします。先日、知人が「姓を変えるのが嫌で、養子になることを断った」と言っているのを聞いて、「養子になったからといって、必ずしも姓を変える必要はないんですよ」と教えてあげたら、その知人は「そ

れなら養子になればよかった」と言ったんです。世の中にはさまざまな勘違いがあるんだなぁ、と思いました。そうした勘違いを正すことができれば、「おひとり様」の増加に伴って養子縁組はもっと増えると思います。そのうち「養子縁組コンシェルジュ」みたいな職業や民間資格ができても不思議ではありません。

■知識とチーム作りが大切

一橋

節税のためだけの養子縁組は私個人の意見としてはあまり賛成できませんが、「おひとり様」対策での養子縁組はむしろいいのではないかとお話を伺っていて感じました。
さて、そろそろまとめに入りたいと思います。
私の場合、全国の相続コンサルタントに対して、重ねて「知識は礼儀」、「相続に強い士業とのチーム作り」の2点をアドバイスしたいです。相続コンサルタントは常に新しい情報を入手して、滞りなく執行できるように正しい知識といざという時に頼れる士業と連携できる体制を整えておく必要があります。
きちんとした知識を身に付けプライドを持って仕事をしている相続コンサルタントの仕事が、一部のモラルの低い相続コンサルタントのために奪われない体制作りにも力を入れていきたいです。
この本は、そういう意味でもきっとお役に立つ一冊ではないかと考えています。

木野

まさにそうですね。「知識」と「チーム」は、これから相続業界でビジネスをやる者にとっては大事なキーワードなのに、知らない人が多すぎるように思います。
相続業界全体のイメージアップとさまざまな角度からの意識の

浸透が必要です。私は「営業」ではなく「イベント」、「文学」、「映像」などを通して、少しでも人生の早い段階で相続について向き合ってもらうことが笑顔相続に繋がるんじゃないかと考えています。「相続落語」というジャンルはすでにありますが、私はプレイヤーがさまざまな視座に立つ経験のできる「ボードゲーム」を作りたいと思っているんですよ。一種のロール・プレイング研修です。

一橋

そうですか。私は相続の歴史に興味があるんです。日本の相続の歴史を学ぶことで、なぜ戦後「争族」が増えてきたのか、その理由の一端を知ることができます。「歴史を知る」ことは「現代を知る」ことでもあります。

木野先生と同じく、教育の中でも「家族とは」、「先祖とは」、「相続とは」について歴史を通じて学ぶことで、日本という国がまた生き生きとした素晴らしい国に生まれ変わると信じています。そのためにも、学校教育の中で相続について手軽に学べる「ボードゲーム」には、とても興味があります。

そして、この本を手に取ってくれている皆さんとも、ともに「笑顔相続で日本を変え」ていければ嬉しく思います。

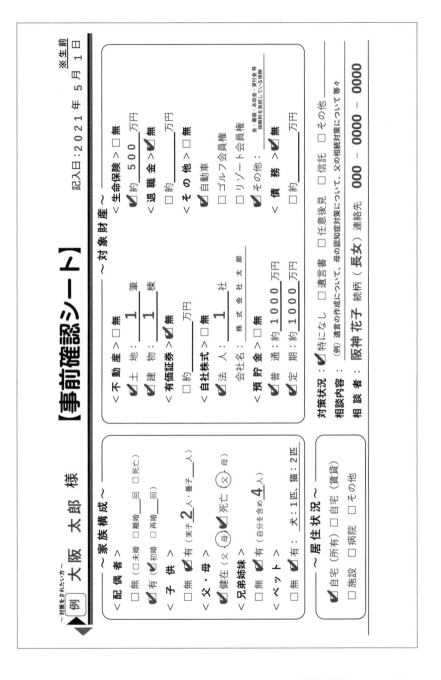

【事前確認シート】

〜対策をされたい方〜

（例）大阪 太郎 様

記入日：2021 年 5 月 1 日
※生前

〜家族構成〜

＜配偶者＞
□ 無 ☑ 有（□ 未婚 □ 初婚 □ 離婚＿回 □ 再婚＿回 □ 死亡＿回）

＜子供＞
□ 無 ☑ 有（実子 2 人・養子＿人）

＜父・母＞
□ 健在（父・母）☑ 死亡（父・☑ 母）

＜兄弟姉妹＞
□ 無 ☑ 有（自分を含め 4 人）

＜ペット＞
□ 無 ☑ 有： 犬：1 匹、猫：2 匹

〜居住状況〜

☑ 自宅（所有）□ 自宅（賃貸）
□ 施設 □ 病院 □ その他

〜対象財産〜

＜不動産＞ □ 無
☑ 土 地： 1 筆
☑ 建 物： 1 棟

＜有価証券＞ ☑ 無
□ 約＿＿＿万円

＜自社株式＞ □ 無
☑ 法 人： 1 社
　会社名： 株 式 会 社 太 郎

＜預貯金＞ □ 無
☑ 普 通：約 1000 万円
☑ 定 期：約 1000 万円

＜生命保険＞ □ 無
☑ 有 約 500 万円

＜退 職 金＞ ☑ 無
□ 約＿＿＿万円

＜そ の 他＞ □ 無
☑ 自動車
□ ゴルフ会員権
□ リゾート会員権
☑ その他：

＜債 務＞ ☑ 無
□ 約＿＿＿万円

金：借金・未収金・貸付金等
保険料を負担している保険

対策状況：☑ 特になし □ 遺言書 □ 任意後見 □ 信託 □ その他

相談内容：（例）遺言の作成について、母の認知症対策について、父の相続対策について等々

相談者：阪神 花子 続柄（長女）連絡先 000 － 0000 － 0000

打合せ記録

		年	月	日
	様	:	～	:
出席者	場所			
	担当者			

業務依頼書 【生前】

紹介	担当

<table>
<tr><td rowspan="3">基本情報</td><td>フリガナ
依頼者
(商号・代表者)</td><td></td><td>生年月日
(設立年月日)</td><td>□ 大正　□ 昭和　□ 平成　□ 令和
　　年　　　月　　　日</td></tr>
<tr><td>住　所
(本店所在地)</td><td>〒</td><td>職　業</td><td></td></tr>
<tr><td>連絡先</td><td colspan="3">※ 連絡希望時間：□いつでも　□指定 _____
↓ 連絡希望先にチェック
□ 自　宅 _____
□ 携　帯 _____
□ その他 _____</td></tr>
</table>

生前

< 調査・確認 >
- □ 推定相続人の調査
- □ 対象財産の確認

< 民事対策 >
- □ 遺言書
- □ 財産管理委任契約書・任意後見契約書
- □ 死後事務委任契約書
- □ 尊厳死宣言書
- □ 信託契約書
- □ 贈与契約書
- ➡ □ 追加（　　　　契約書）
- ➡ □ 追加（議事録）

< 登 記 >
- □ 名義変更（５物件/１管轄まで）
- ➡ □ 追加（　　　物件/　　管轄）
- □ 表題登記　（　　　物件）
- □ 保存登記　（　　　物件）
- □ 建物滅失登記（　　　物件）
- □ 表示変更登記（　　　管轄）
- □ 抵当権抹消登記（　　担保）

< 別途費用 >
- □ 書類取得費・通信費・印紙代等
- □ 出張費（□ 大阪府内 /□ 大阪府以外）
- ※ 他の専門家（□ 未定　□ 公証人　□ 不動産鑑定士　□ その他：　　　　　　　）

< 税務対策 >
- □ SIM（シミュレーション）
- ➡ □ 追加（自社株評価：　　　社）
- □ 提案（自社株：無）
- ➡ □ 追加（自社株を含む）
- □ 実行

< 申 告 >
- □ 贈与税申告（□ 暦年贈与 /□ 相続時精算課税）

< 評 価 >
- □ 自社株評価（　　　社）
- □ 不動産評価（　　　画地）

< その他 >
- □ 不足資料の取得（□ 市区町村役場 /□ 金融機関）
- □ 上記以外

_____

別紙「業務依頼に関する同意事項」「報酬規程」についての説明を受け、同意したので業務を依頼します。

令和　　　年　　　月　　　日

依 頼 者 _____

業務依頼に関する同意事項

□ 業務について

・ご依頼の業務に関して他の専門家が必要な場合は、同意の上で連携して行わせていただきます。

・連携する専門家については、必要な資料・情報等の共有をさせていただきます。

□ 報酬について

・ご依頼の業務に関する報酬は、○○○○の報酬規程となります。

・調査、計算、手続等の事務が著しく複雑な場合は、別途お見積もりをさせていただきます。

・預り金、報酬をお振込みいただく場合の振込手数料は、ご依頼者さまにてご負担いただきます。

□ 預り金について

・預り金_____のお支払い後、正式なご依頼と判断し業務 に着手いたします。

　　　□ 現金　　□ 振込

・預り金は、業務完了時に報酬へ充当いたします。

□ 途中解約・強制解約について

・途中解約（業務遂行不能を含む）をする場合または回答を促した日から3か月が過ぎた場合、

　法令に反する危険性がある行為を要求した場合、虚偽の回答、申告等があった場合は、

　当該業務依頼を強制解約させて頂き、預り金の返還はいたしません。

・途中解約、強制解約となった場合でも、報酬および実費をご請求させていただきます。

・報酬および実費をお支払い頂けない場合は、各種資料の引渡しを行いません。

□ 注意事項について

・虚偽の回答または申告等および資料提出の遅れまたは不足等があった場合は、

　当該事由による損害に関し、ご依頼者さまの責任・負担となりますのでご注意ください。

業務依頼に関する同意事項の内容についての説明を受け、同意し、業務を依頼します。

　　　令和　　　年　　　月　　　日

　　　　依頼者_____㊞

預かり書

被相続人　　　　　様
代表相続人　　　　様

（会社名）株式会社〇〇	
（部署名）〇〇〇〇	
（担当者）〇〇〇〇	
（TEL）〇〇-〇〇〇〇-〇〇〇〇	

下記の書類をお預かりいたしましたので
各々1通ずつ保管とし、返却時に必要となりますので大切に保存して下さい。

記

○　除籍原本　1式	
○　〇〇銀行通帳コピー3ページ分	
○　△△銀行通帳2通	
○　△△銀行キャッシュカード1枚	
○	

以上

■ ヒアリングシートの例 （相続診断協会提供）

ご相談者様に関してご記入下さい。

ご 氏 名		生 年 月 日	
ご 住 所		ご 連 絡 先	
ご 職 業		対象者との続柄	

①対象者様に関してご記入下さい。

対象者様氏名		生 年 月 日	
現在のご住所			
相続発生の有無		有の場合死亡日	年　　月　　日

配偶者はいらっしゃいますかますか？	はい・いいえ	氏名：	生年月日：
お子様はいらっしゃいますか？	はい・いいえ	氏名：	生年月日：
		氏名：	生年月日：
		氏名：	生年月日：
		氏名：	生年月日：
先妻はいらっしゃいますか？	はい・いいえ	氏名：	生年月日：
先妻との間の子はいらっしゃいますか？	はい・いいえ	氏名：	生年月日：　□非嫡出子 □養子
		氏名：	生年月日：　□非嫡出子 □養子
		氏名：	生年月日：　□非嫡出子 □養子
ご両親はいらっしゃいますか？	はい・いいえ	氏名：	生年月日：
		氏名：	生年月日：
兄弟姉妹はいらっしゃいますか？	はい・いいえ	氏名：	生年月日：
		氏名：	生年月日：
		氏名：	生年月日：

家系図をご記入下さい。

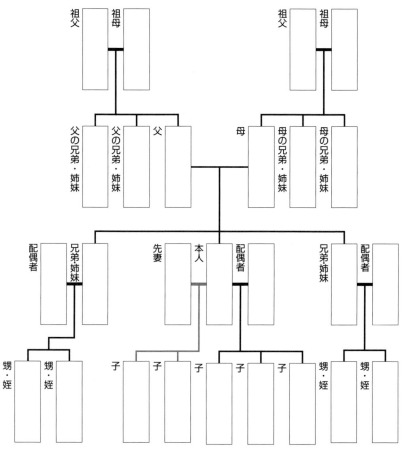

②不動産について

＊固定資産税の納税通知書をご用意ください。

不動産（土地・借地権・建物）を所有されていますか？				はい・いいえ
土地・借地・家屋	所在地：	面積：	㎡	利用状況：
土地・借地・家屋	所在地：	面積：	㎡	利用状況：
土地・借地・家屋	所在地：	面積：	㎡	利用状況：
土地・借地・家屋	所在地：	面積：	㎡	利用状況：
土地・借地・家屋	所在地：	面積：	㎡	利用状況：
土地・借地・家屋	所在地：	面積：	㎡	利用状況：
土地・借地・家屋	所在地：	面積：	㎡	利用状況：
土地・借地・家屋	所在地：	面積：	㎡	利用状況：

③上場株式等

＊証券会社の残高一覧表などをご用意ください。

上場株式を所有されていますか？			はい・いいえ
株式・公社債・投信	信託先：	銘柄：	数量：
株式・公社債・投信	信託先：	銘柄：	数量：
株式・公社債・投信	信託先：	銘柄：	数量：
株式・公社債・投信	信託先：	銘柄：	数量：
株式・公社債・投信	信託先：	銘柄：	数量：
株式・公社債・投信	信託先：	銘柄：	数量：
株式・公社債・投信	信託先：	銘柄：	数量：
株式・公社債・投信	信託先：	銘柄：	数量：

④未上場株式等

＊法人税の申告書を3期分ご用意ください。

未上場株式（同族株式）を所有されていますか？			はい・いいえ
法人名：	所在地：	関係：	数量：
法人名：	所在地：	関係：	数量：
法人名：	所在地：	関係：	数量：
法人名：	所在地：	関係：	数量：
法人名：	所在地：	関係：	数量：
法人名：	所在地：	関係：	数量：

⑤預金口座

＊預金通帳・証書をご用意ください。

対象者様名義の預貯金はありますか？	はい・いいえ	およその残高：	口座数：
対象者様が管理されている他人名義の預貯金はありますか？（名義預金）	はい・いいえ	およその残高：	口座数：

⑥生命保険

＊保険会社から送られてくる契約のお知らせなどをご用意ください。

対象者様の死亡により支払いが行われる生命保険金はありますか？			はい・いいえ
保険会社：	契約者：	受取人：	保険金額：
保険会社：	契約者：	受取人：	保険金額：
保険会社：	契約者：	受取人：	保険金額：
保険会社：	契約者：	受取人：	保険金額：
保険会社：	契約者：	受取人：	保険金額：
上記以外の対象者様が保険料を負担している生命保険はありますか？			はい・いいえ
保険会社：	契約者：	受取人：	保険金額：
保険会社：	契約者：	受取人：	保険金額：

⑦その他

自動車をお持ちですか？	いいえ・はい	車種：	年式：
ゴルフ会員権をお持ちですか？	いいえ・はい	銘柄：	所在地：
金銭の貸付けはありますか？	いいえ・はい	貸付先：	金額：
対象者様ご自身で無体財産権（著作権など）を登録していますか？	いいえ・はい	名称：	内容：
美術品、骨董品をお持ちですか？	いいえ・はい	内容：	
対象者様の死亡により支給が見込まれる退職金はありますか？	いいえ・はい	支給元：	金額：
その他の資産	いいえ・はい		

⑧生前贈与財産

＊贈与税の申告書をご用意ください。

過去3年以内に財産を贈与したことはありますか？			はい・いいえ
過去に相続時精算課税により贈与をしたことがありますか？			はい・いいえ
贈与年月日：	受贈者：	財産内容：	贈与時の時価：
贈与年月日：	受贈者：	財産内容：	贈与時の時価：
贈与年月日：	受贈者：	財産内容：	贈与時の時価：
贈与年月日：	受贈者：	財産内容：	贈与時の時価：
贈与年月日：	受贈者：	財産内容：	贈与時の時価：

⑨債務

＊借入金の返済予定表をご用意ください。

住宅ローンはありますか？	いいえ・はい	目的：	金額：
その他の借入はありますか？	いいえ・はい	目的：	金額：
保証債務はありますか？	いいえ・はい	債務者：	金額：

⑩特記事項

ご興味のある事項をお選びください。（複数選択可）	節 税 ・ 納税資金 ・ 事業継承 ・ 生前贈与 ・ 財産評価 遺 言 ・ 遺産分割 ・ 相続放棄 ・ 後見人 ・ 年 金 不動産登記 ・ エンディングノート ・ その他（　　　　　　　　）
相続診断の際の参考にいたしますので、差し支えなければ、上記をお選びになった理由をご記入下さい。	

著者略歴

相続コンサルタント　**一橋　香織**（ひとつばし・かおり）

笑顔相続コンサルティング株式会社 代表取締役
相続診断士事務所 笑顔相続サロン® 本部代表
（一社）縁ディングノートプランニング協会 代表理事
（一社）アクセス相続センター 理事
（一社）終活カウンセラー協会 顧問
上級相続診断士・家族信託コーディネーター・社会整理士
終活カウンセラー上級・生前整理アドバイザー１級

〈略　　歴〉
これまで 5,000 件以上の相続相談の実績。
講演・メディア出演（テレビ朝日「たけしの TV タックル」TBS テレビ「N スタ」
「ビビット」テレビ東京「ソクラテスのため息」「なないろ日和」など）多数。
日本初のシステムノート型システムダイアリー㈱の『エンディングノート』監修
著書『家族に迷惑をかけたくなければ相続の準備は今すぐしなさい』（PHP 研究
所）はアマゾン相続部門１位・丸善本店ビジネス部門で１位を獲得する。近著『終
活・相続の便利帖』（日本法令）その他
笑顔相続を普及するための専門家を育成する『笑顔相続道®』及び日本で初の相続・
終活を学べるオンラインサロン『笑顔相続アカデミー』を主宰。

所属事務所
笑顔相続コンサルティング株式会社　本社
　　〒103 − 0013　東京都中央区日本橋人形町２− 13 − 9
　　　　　　　　FORECAST 人形町 7 階
　　電　話　03 − 3567 − 6777
　　ＵＲＬ　https://egao-souzoku.com/academy/
京都サテライトオフィス
　　〒615-8106　京都市西京区川島滑樋町 41 − 1　スタンザ桂 103
大阪支社
　　〒541 − 0046　大阪市中央区平野町２− 1 − 2　沢の鶴ビル6F

木野　綾子（きの・あやこ）

弁護士・上級相続診断士・家族信託専門士・終活カウンセラー

一般社団法人 相続診断協会 法務委員

NPO 法人 長寿安心会 副代表理事

一般社団法人 全国遺言実務サポート協会 理事

〈略　　歴〉

平成 6 年、早稲田大学政治経済学部政治学科卒業。

平成 9 年、東京地方裁判所に判事補として任官し、以後、土浦、東京、豊橋の順で各地の裁判所に勤務。

平成 22 年、千葉地方裁判所を最後に退官・弁護士登録（第一東京弁護士会）。

平成 28 年、法律事務所キノール東京を開設し、現在に至る。

主な得意分野は相続・不動産関係・労働（企業側）・債権回収等。

所属事務所

　〒105 － 0003　東京都港区西新橋 1 － 21 － 8　弁護士ビル 503

　　　　　　　　法律事務所キノール東京

　電　話　03 － 5510 － 1518

　FAX　03 － 5510 － 1519

　URL　https://kinorr-souzoku.tokyo/

　e-mail　kino-ayako@kinorr.tokyo

協力者一覧（五十音順）

一般社団法人 相続診断協会／税理士法人 HOP
小川　実
税理士、上級相続診断士

住　所	東京都中央区日本橋人形町 2-13-9　FORECAST 人形町 7F
電　話	03 － 5614 － 8700
U R L	http://group-hop.com/

笑顔相続サロン® 京都ここはーと相続サポート事務所
小笹　美和
上級相続診断士、介護支援相談員、終活・介護・相続相談

住　所	京都府京都市中京区河原町通御池下ル下丸屋町 403FIS ビル
電　話	075 － 950 － 0397
U R L	https://cocoheart-office.amebaownd.com/

一般社団法人証券相続普及協会
小林　裕
一般社団法人証券相続普及協会　代表理事

住　所	東京都中央区銀座 6 － 13 － 16　銀座 Wall ビル 5F
電　話	03 － 6403 － 7515
U R L	https://shokensouzoku.com/

一般社団法人社会整理士育成協会
鈴木　健司
一般社団法人社会整理士育成協会　代表理事

住　所	京都府京都市西京区川島莚田町 9 － 3　TauT 阪急洛西口内 SHARE DEPARTMENT（R5）
電　話	075 － 600 － 9176
U R L	https://shakaiseirishi.com/

税理士法人 HOP

高橋　大祐

税理士

住　所	東京都中央区日本橋人形町 2-13-9　FORECAST 人形町 7F
電　話	03 － 5614 － 8700
URL	http://www.zeirishihoujin-hop.com/

行政書士法人アクセス

細谷　洋貴

代表行政書士

住　所	大阪市中央区平野町２－１－２　沢の鶴ビル６Ｆ
電　話	0120 － 279 － 450
URL	https://act-cess-souzoku.com/

一般社団法人 終活カウンセラー協会

武藤　頼胡

一般社団法人 終活カウンセラー協会 代表理事

住　所	東京都品川区旗の台４－２－５
電　話	03 － 6426 － 8019
URL	https://www.shukatsu-csl.jp/

〔改訂版〕
相続コンサルタントのための
はじめての遺言執行

令和元年12月10日　初版発行
令和5年12月10日　改訂初版

 日本法令®

〒101-0032
東京都千代田区岩本町1丁目2番19号
https://www.horei.co.jp/

検印省略

著　者　一橋　香織
　　　　木野　綾子
発行者　青木　鉱太
編集者　岩倉　春宏
印刷所　神谷　印刷
製本所　国宝社

（営　業）　TEL　03-6858-6967　　Eメール　syuppan@horei.co.jp
（通　販）　TEL　03-6858-6966　　Eメール　book.order@horei.co.jp
（編　集）　FAX　03-6858-6957　　Eメール　tankoubon@horei.co.jp

（オンラインショップ）　https://www.horei.co.jp/iec/
（お 詫 び と 訂 正）　https://www.horei.co.jp/book/owabi.shtml
（書 籍 の 追 加 情 報）　https://www.horei.co.jp/book/osirasebook.shtml

※万一、本書の内容に誤記等が判明した場合には、上記「お詫びと訂正」に最新情報を掲載
　しております。ホームページに掲載されていない内容につきましては、FAXまたはEメー
　ルで編集までお問合せください。